JN077573

中小企業の防災マニュアルとBCP 新版

［編著］
MS&AD インターリスク総研株式会社

［執筆者］
信州大学 特任教授
ミネルヴァベリタス株式会社 顧問
前 MS&AD インターリスク総研株式会社 特別研究員
本田茂樹

弁護士法人 ALG & Associates
弁護士 家永勲／弁護士 今西眞

税理士滝沢淳事務所
税理士 滝沢淳

MC 税理士法人
税理士 佐々木司

労働調査会

はじめに

　2011年3月に発生した東日本大震災から9年以上が経過しました。その後も、2016年の熊本地震、2018年の大阪北部地震や北海道胆振東部地震など、企業の事業継続に大きな悪影響をもたらす地震が相次いで発生しています。加えて、最近では風水害の被害も甚大となる傾向があり、2019年の台風15号や台風19号、さらには2020年の令和2年7月豪雨では、強風や河川の氾濫などの被害によって長期の事業中断を余儀なくされた企業も多数発生しました。

　さらに、2020年における新型コロナウイルス感染症では、従業員の感染予防策を講じることに伴って、過去に例がないほどに事業活動が大きく制限される事態に直面しています。こうした感染症対策も、事業の継続を考える際の重要な要素になっています。

　一方で、特に中小企業では、防災計画がいまだ策定されていなかったり、地震以外の災害リスクへの対策が不十分であったり、その準備状況にばらつきがみられる状況です。2019年に通称「中小企業強靱化法」が施行され新たな認定制度ができましたが、この目的も、中小企業の防災・減災力を高めてもらうこと、その取り組みに対してインセンティブを与えることにあります。

　「災害は忘れたころにやってくる」と言われますが、地震や風水害などの自然災害は、いつ、どこで発生するかの予測が正確には分からず、またその発生を抑えることもできません。そのために中小企業がやるべきことは、過去の教訓を活かし、災害が発生したときにでも自社の被害を最小限にするとともに、被災後も自社の商品やサービスをできる限り提供できるように平常時から準備しておくことといえます。

　本書では、主に地震災害を念頭におき、中小企業における防災の基本事項から早期事業復旧、事業継続計画に至るまでの一連の流れを網羅的に解説しています。

　本書が、皆さまの企業において防災対策を推進するにあたりお役に立てば幸いです。

MS & AD インターリスク総研株式会社

目　　次

第1章

職場での災害発生に備える

1　自社の災害リスクを考える

(1)　災害対策における必須事項

なぜ、中小企業は災害対策に取り組むべきなのでしょうか。

「日々の業務だけでも忙しく、災害対策まで手が回らない」という声がよく聞かれますが、実際、中小企業の防災計画策定率は高いとは言えません。

平成29年度に内閣府が実施した調査によると、大地震等の自然災害や感染症のまん延など不測の事態が発生した場合における BCP（事業継続計画。**78頁以下参照**）の策定率は、大企業では64.0％でしたが、中堅企業では31.8％となっており（**図1**）、また、別の調査においても売上高や従業員の規模が小さくなるほど BCP の策定率が低くなるという傾向が示されており（**同図**）、取り組みはまだまだこれからという状況です。

災害対策を考える際、その基本としてこれだけは押さえておきたいというポイントが3つあります。

①　とにかく生き残る

災害対策では、まず身体・生命の安全確保を優先することが重要であり、具体的には災害に見舞われたときの死傷者数を最小限にすることが求められます。

災害時に生き残っている従業員の数が少なければ、災害からの復旧作業を行い、またその後、事業を継続することがより難しくなります。

逆に、生き残っている従業員の数が多ければ、災害に対して多くの従業員が協力して立ち向かうことができ、結果として企業の生き残りにもつながります。

「命あっての物種（ものだね）」ということわざがありますが、まさに、生命があってこそ初めて、災害後にやるべきことができるということになります。

図1 BCP（事業継続計画）の策定状況

〈大企業の策定状況〉

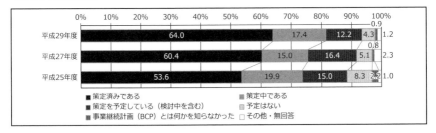

〈中堅企業の策定状況〉

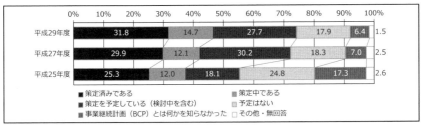

出典：「平成29年度企業の事業継続及び防災の取組に関する実態調査」
（平成30年3月、内閣府（防災担当））

〈連結売上規模別にみた策定状況〉

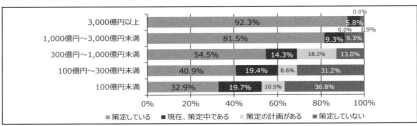

〈従業員数の規模別にみた策定状況〉

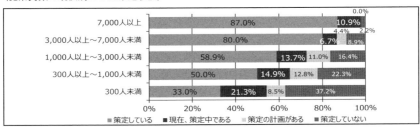

出典：「第8回事業継続マネジメント（BCM）に関する日本企業の実態調査報告書」
（平成31年2月、MS＆ADインターリスク総研株式会社）

②　優先順位をつける

　ひとたび災害が発生すると、ヒト・モノ・カネなど多くの経営資源が失われます。また、電気・ガスなどのエネルギー供給が止まる、上下水道サービスが機能しない、鉄道が止まり道路も遮断される、そして通信網がダウンするなど、各種のインフラが大きな被害を受け、企業活動が大きな影響を受けることも間違いありません。

　そのように企業活動を取り巻くさまざまな環境に支障が出ている状況のもと、限られた要員ですべての対策を進めることはできません。

　平常時、つまり災害対策を検討する段階でどのようなことに優先的に取り組むかを決めておき、実際に被災した際は、その優先順位に従いやるべき対策を進めることが極めて重要です。

③　災害対策の見直し・改善

　災害対策を考えることは非常に重要ですが、災害対策を何か特別に難しいことと考えて着手できていないということはないでしょうか。

　初めから完璧な災害対策ができればそれに越したことはありませんが、まずは建物の耐震チェックや水・食料の備蓄などできるところから手をつけ、それを少しずつ改善することで企業の防災力を高めていくことを目指せばよいのです。

　企業において災害対策を継続して行うためには、策定した対策に基づき、避難訓練や安否確認訓練などを行うことで足りない点や不備を見つけ出し、それを見直し・改善していくという手順が求められます。

　これは、PDCAというサイクルを使って、自社の災害対策を定期的に見直して改善し続けるという仕組みです（図2）。

(2)　自社の災害リスクを考える

　　　　　　　　　　　　　　　　　　　　　　　　　　　　　　　　　　　　

　我が国は、さまざまな観点から、災害による被害を受けやすい状況にあり

図2　PDCA サイクル

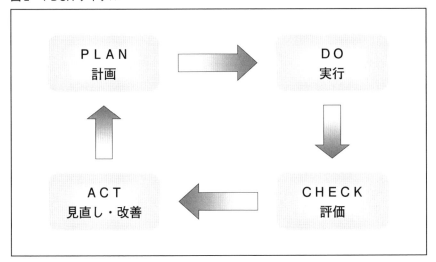

ます。

　例えば、世界の活火山の約1割が日本に集中しており、実際、マグニチュード6を超える地震の約2割は日本で発生しています。また、国土の7割を占めるといわれる山岳地帯は崩落しやすい地質等で構成されるとともに、そこからは急こう配な河川が流れ出ています。さらに、日本列島は台風の通り道に沿うように位置しており、降雨は梅雨時と台風シーズンに集中しています。その結果、日本列島は、地震や火山噴火、また台風や豪雨などに毎年のように見舞われています。

　災害対策を考えるにあたっては、自社の拠点がある地域で発生する災害ごとに対策を立てることが一般的です。例えば、台風に見舞われたときの災害対策、あるいは地震が発生したときの災害対策という方法です。

　したがって、自社の立地条件によって、想定するべき災害やその被害想定も異なります。例えば、沿岸部に立地する企業の場合は、津波を想定した災害対策が必要ですが、周囲を海に囲まれていない都道府県にある企業であれば、津波を想定した災害対策を考えることは現実的ではありません。

　また、被害想定については、地震ならば活断層からの距離、地盤の状況な

ど、そして台風の場合であれば、堤防の整備状況や海抜などによって、その被害状況も違ってくるでしょう。立地条件を確認し、被害想定を行うことで、具体的な災害対策を検討することが可能となります。

　都道府県や市区町村は、「地域防災計画」を定め、そのもとで災害や災害防止に関するさまざまな資料を公開していますから、都道府県防災担当部や市区町村防災担当課のホームページなどで確認するとよいでしょう。参考にするべき資料としては次のようなものが考えられます。

〈地震・津波〉
  ●地震被害想定調査報告書
  ●地域防災計画地震編
  ●津波ハザードマップ　など
〈河川の氾濫・高潮〉
  ●水防計画
  ●地域防災計画一般編
  ●洪水ハザードマップ
  ●高潮ハザードマップ　など
〈土砂くずれ〉
  ●地域防災計画一般編
  ●土砂災害危険箇所分布図　など

2　ハザードマップを理解する

(1)　防災基本計画

・・・

　日本の国土は、地震、津波、豪雨、洪水、土石流などさまざまな自然災害が起こりやすい条件のもとに位置しています。

　ひとたび大規模な自然災害が発生すると、1995年1月の阪神・淡路大震災や2011年3月の東日本大震災の例を見るまでもなく、多くの人命が奪われるとともに、国民経済や社会生活に大きな影響を与えます。もちろん、自然災害の発生を完全に防ぐことはできませんが、我々には的確な災害対策を講じることによって、それら災害の被害を軽減することが求められています。

　防災基本計画は、災害対策基本法第34条に基づき中央防災会議が作成する防災分野の最上位計画ともいうべきものです。そしてこの防災基本計画をもとに、都道府県及び市町村は地域防災計画を策定しています。

　防災基本計画では、防災業務計画※及び地域防災計画において特に重点を置くべき事項を**表1**のとおり定めていますが、その「3.　住民等の円滑かつ安全な避難に関する事項」において、ハザードマップの作成及び活用が求められています。

(2)　ハザードマップとは何か

・・・

　日本が、その位置や地形、気候などの自然的な条件から、地震・津波や台風、豪雨などの自然災害が発生しやすい国土となっていることは、前述のと

※防災業務計画
　指定行政機関はその所管業務に関して、また指定公共機関はその業務に関して、防災に関する計画を策定すること、また毎年検討を加えること、そして必要があると認めるときは修正することが、災害対策基本法により規定されている。

表1　「防災業務計画及び地域防災計画において重点を置くべき事項」

> 1　大規模広域災害への即応力の強化に関する事項
> 　　大規模広域災害にも対応し得る即応体制を充実・強化するため、発災時における積極的な情報の収集・伝達・共有体制の強化や、国と地方公共団体間及び地方公共団体間の相互支援体制を構築すること。また、国及び地方公共団体と企業等との間で協定を締結するなど、各主体が連携した応急体制の整備に努めること。また、相互支援体制や連携体制の整備に当たっては、実効性の確保に留意すること。
>
> 2　被災地への物資の円滑な供給に関する事項
> 　　被災地への物資の円滑な供給のため、被災地のニーズを可能な限り把握するとともに、ニーズの把握や被災地側からの要請が困難な場合には、要請を待たずに必要な物資を送り込むなど、被災地に救援物資を確実に供給する仕組みを構築すること。
>
> 3　住民等の円滑かつ安全な避難に関する事項
> 　　住民等の円滑かつ安全な避難を確保するため、ハザードマップの作成、避難勧告等の判断基準等の明確化、緊急時の避難場所の指定及び周知徹底、立退き指示等に加えての必要に応じた「屋内安全確保」の指示、避難行動要支援者名簿の作成及び活用を図ること。
>
> 4　被災者の避難生活や生活再建に対するきめ細やかな支援に関する事項
> 　　被災者に対して避難生活から生活再建に至るまで必要な支援を適切に提供するため、被災者が一定期間滞在する指定避難所の指定、周知徹底及び生活環境の確保、被災者に対する円滑な支援に必要な罹災証明書の発行体制の整備、積極的な被災者台帳の作成及び活用を図ること。
>
> 5　事業者や住民等との連携に関する事項
> 　　関係機関が一体となった防災対策を推進するため、市町村地域防災計画への地区防災計画の位置付けなどによる市町村と地区居住者等との連携強化、災害応急対策に係る事業者等との連携強化を図ること。
>
> 6　大規模災害からの円滑かつ迅速な復興に関する事項
> 　　大規模災害からの円滑かつ迅速な復興のため、地方公共団体は、復興計画の作成等により、住民の意向を尊重しつつ、計画的な復興を図ること。
>
> 7　津波災害対策の充実に関する事項
> 　　津波災害対策の検討に当たっては、以下の二つのレベルの津波を想定することを基本とすること。
> ・発生頻度は低いものの、発生すれば甚大な被害をもたらす最大クラスの津波
> ・最大クラスの津波に比べて発生頻度が高く、津波高は低いものの大きな被害をもたらす津波
> 　　また、津波からの迅速かつ確実な避難を実現するため、住民の津波避難計画の作成、海岸保全施設等の整備、津波避難ビル等の避難場所や避難路等の整備、津波浸水想定を踏まえた土地利用等ハード・ソフトの施策を柔軟に組み合わせて総動員する「多重防御」による地域づくりを推進すること。
>
> 8　原子力災害対策の充実に関する事項
> 　　原子力災害対策の充実を図るため、原子力災害対策指針を踏まえつつ、緊急事態における原子力施設周辺の住民等に対する放射線の重篤な確定的影響を回避し又は最小化するため、及び確率的影響のリスクを低減するための防護措置を確実に行うこと。

出典：「防災基本計画」（令和2年5月、中央防災会議）

おりです。

　そこで、これまでに発生した大規模な自然災害のデータをもとに、それら
の災害によって、どれくらいの範囲で被害があったのか、またその被害の大
きさはどれくらいであったのかを知ることができれば、効果的な災害対策を
立てることが可能となります。

　そこで登場するのが、ハザードマップという地図です。

〈ハザードマップ〉

　ハザードマップとは、災害による被害を予測し、その被害範囲を地
図化したものです。予測される災害の発生地点、被害の拡大範囲及び
その程度、避難経路、指定緊急避難場所、指定避難所等の情報を地図
上に図示します。災害発生時にハザードマップを利用することにより、
地域住民等は、迅速・的確に避難を行うことが可能になります。

（出典:「地区防災計画ガイドライン」（平成26年3月、内閣府（防災担当））

(3)　ハザードマップの例

　ハザードマップは市町村等が作成し、その形や様式は自治体によって異な
ります。一般的には、ハザードマップの使い方やその地域で想定される災害
の解説、また災害発生時の避難場所など住民に役立つ情報が記載されていま
す。

　例えば、東京都港区の場合は、「津波ハザードマップ」（図3）、「液状化マッ
プ（図4）」、「揺れやすさマップ」（図5）を発表していますが、これらは、
ある特定の地震を想定し、その結果どのような被害が発生するかを示すため
に作成されたものです。そして、これらのハザードマップを活用することに
よって住民が災害に備えることを目指しています。

　もちろん、ハザードマップは住民だけではなく、その自治体に拠点を置く
中小企業が災害対策を立てるにあたっても重要な役割を果たします。

図3　東京都港区津波ハザードマップ

出典：東京都港区ホームページ

図 4　東京都港区液状化マップ

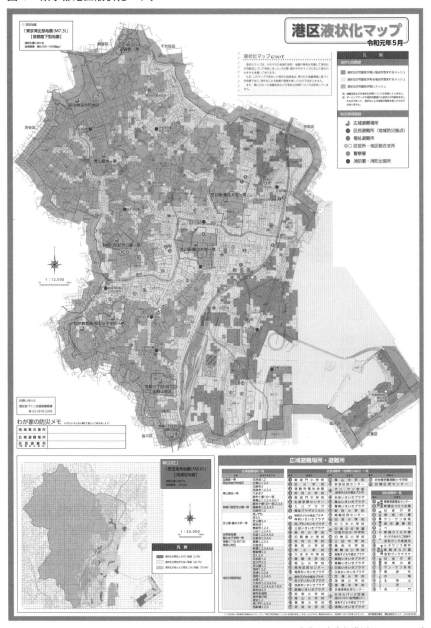

出典：東京都港区ホームページ

図5　東京都港区揺れやすさマップ

出典：東京都港区ホームページ

(4)　ハザードマップの使い方

・・・

①　ハザードマップの入手

　ハザードマップは、多くの自治体の場合、そのホームページから入手することができます。また、「国土交通省ハザードマップポータルサイト」（http://disaportal.gsi.go.jp/）では、各自治体が作成したハザードマップにリンクしており、地域ごとのさまざまな種類のハザードマップを閲覧できます。

②　ハザードマップの使い方

　ハザードマップは、ある災害、例えば「東京湾北部地震」※を想定し、それがどのような被害をもたらすかを示しています。しかし、そこに示された被害はあくまで当該想定に基づくものであり、最大のものであるとは限りません。

　実際には、想定していない災害が発生してハザードマップの被害を超える事態が起こる可能性もあり得ますから、それに備えた準備をしておくことが必要です。

　例えば地震ハザードマップであれば、次のような使い方が考えられます。

〈地震ハザードマップの活用例〉
- 企業が所在する地域において発生する可能性のある地震について、実際に起こった場合にどの程度揺れるかの情報を得る
- 既存の建物に関する耐震化は、耐震診断に基づいて現行の耐震基準※と同等以上になるよう耐震改修などを行うが、その参考情報とする
- 揺れ、液状化、そして津波など、リスクに応じた対策と備蓄の検

※東京湾北部地震
　国の中央防災会議は、首都直下地震に関して18の発生領域を想定しており、そのうちの一つ。

討に活用する
- ●企業が新たに用地を取得する、あるいは事業所を開設するような場合、その検討材料とする
- ●避難場所、避難路、そして防災に関係する機関（自治体、医療機関、警察、消防など）の場所を確認しておき、実際の災害時にも活用する　など

※耐震基準

　現行の耐震基準（1981年改正）は、中規模の地震（震度5強程度）に対してはほとんど損傷を生じず、極めてまれにしか発生しない大規模の地震（震度6強から震度7程度）に対しては、人命に危害を及ぼすような倒壊等の被害を生じないことを目標としている。

3　防災計画とは何か

(1)　企業防災の推進

　国の防災基本計画において、企業は防災活動に取り組むべきであるということも**表2**のとおり記載されています。

　そして、企業が防災活動に取り組むにあたっては、「防災計画」や「事業継続計画」を策定することが重要となります。

(2)　防災計画とは何か

　企業が地震などの災害への対策を考える際、災害からの被害を最小化する「防災活動」の観点から考える場合と、災害後もその企業の事業を続けていくという「事業継続計画」の観点から考える場合があります。

　「防災活動」は、災害による被害を軽減するための対策を講じることであり、その内容を記載したものが防災計画です。防災計画における主な目的は、「身

表2　「企業防災の促進」

> 　企業は、災害時に企業の果たす役割（生命の安全確保、二次災害の防止、事業の継続、地域貢献・地域との共生）を十分に認識し、自らの自然災害リスクを把握するとともに、リスクに応じた、リスクコントロールとリスクファイナンスの組み合わせによるリスクマネジメントの実施に努めるものとする。具体的には、各企業において災害時に重要業務を継続するための事業継続計画（BCP）を策定するよう努めるとともに、防災体制の整備、防災訓練の実施、事業所の耐震化・耐浪化、損害保険等への加入や融資枠の確保等による資金の確保、予想被害からの復旧計画策定、各計画の点検・見直し、燃料・電力等の重要なライフラインの供給不足への対応、取引先とのサプライチェーンの確保等の事業継続上の取組を継続的に実施するなど事業継続マネジメント（BCM）の取組を通じて、防災活動の推進に努めるものとする。特に、食料、飲料水、生活必需品を提供する事業者や医療機関など災害応急対策等に係る業務に従事する企業等は、国及び地方公共団体が実施する企業等との

> 協定の締結や防災訓練の実施等の防災施策の実施に協力するよう努めるものとする。

出典：「防災基本計画」第２編　第１章　第３節　３−⑶

体・生命の安全確保」と「物的被害の軽減」ですが、そこで講じられる対策の内容は、「第４章　BCP（事業継続計画）の基本」の内容と重なる部分が多くあります。そこで、企業が災害対策に取り組むにあたっては、「防災計画」と「事業継続計画」の両方の観点から進めていくことが重要です。

「防災計画」の内容を「事業継続計画（以下「BCP」といいます）」※の内容と比較してまとめたものが、表３です。

それぞれの主な目的を比較し、両者の関係を押さえておきましょう。

企業において防災計画を作成する主な目的は、「身体・生命の安全確保」と「物的被害の軽減」ですが、その目的は、BCP の主な目的の大前提となっています。つまり、BCP では、防災計画の目的に加えて、優先的に継続・復旧すべき重要業務を継続する、または早期復旧することを目指しており、両方の計画には共通する部分もあり密接な関係にあります。

ただ、その基本となる考え方や取り組み方に異なる点があります。まず、防災計画は、基本的に事業所などの拠点ごとに作成され、災害による被害を軽減するための対策を講じるためのものです。

一方、BCP は、地震などの大規模災害が発生すると、ヒト・モノ・カネなどの経営資源が限られることから、優先すべき業務を絞り込み、どの業務をいつまでにどの水準まで回復させるかを決めておき、それを実現するためのものです。

※事業継続計画（BCP：Business Continuity Plan）

　大地震等の自然災害、感染症のまん延、テロ等の事件、大事故、サプライチェーン（供給網）の途絶、突発的な経営環境の変化など不測の事態が発生しても、重要な事業を中断させない、または中断しても可能な限り短い期間で復旧させるための方針、体制、手順等を示した計画のこと。

17

表3　「防災計画」及び「事業継続計画」のポイント

	企業における防災計画のポイント	企業における事業継続計画のポイント
主な目的	●身体・生命の安全確保 ●物的被害の軽減	●身体・生命の安全確保に加え、優先的に継続・復旧すべき重要業務の継続または早期復旧
考慮すべき事象	●拠点がある地域で発生することが想定される災害	●自社の事業中断の原因となり得るあらゆる発生事象（インシデント）
重要視される事象	●以下を最小限にすること ▶死傷者数 ▶損害額 ●従業員等の安否を確認し、被災者を救助・支援すること ●被害を受けた拠点を早期復旧すること	●死傷者数、損害額を最小限にし、従業員等の安否確認や、被災者の救助・支援を行うことに加え、以下を含む ▶重要業務の目標復旧時間・目標復旧レベルを達成すること ▶経営及び利害関係者への影響を許容範囲内に抑えること ▶収益を確保し企業として生き残ること
活動、対策の検討範囲	●自社の拠点ごと ▶本社ビル ▶工場 ▶データセンター　など	●全社的（拠点横断的） ●サプライチェーン等依存関係のある主体 ▶委託先 ▶調達先 ▶供給先　など
取り組みの単位、主体	●防災部門、総務部門、施設部門等特定の防災関連部門が取り組む	●経営者を中心に、各事業部門、調達・販売部門、サポート部門（経営企画、広報、財務、総務、情報システム　など）が横断的に取り組む
検討すべき戦略・対策の種類	●拠点の損害抑制と被災後の早期復旧の対策（耐震補強、備蓄、二次災害の防止、救助・救援、復旧工事　など）	●代替戦略（代替拠点の確保、拠点や設備の二重化、OEMの実施　など） ●現地復旧戦略（拠点の損害抑制と被災後の早期復旧の対策）

出典：「事業継続ガイドライン―あらゆる危機的事象を乗り越えるための戦略と対応―」（内閣府）をもとに作成

4　社内体制

(1)　防災計画の組織体制

　防災計画は、策定してそれで終わりではありません。防災計画に定めたことを実際に運用していく体制が必要ですが、必ずしも、一から作り上げる必要はなく、すでに構築されている自衛消防組織や危機管理の体制などをもとに立ち上げるとよいでしょう。そして、立ち上げにあたっては、次の3点を押さえておくことが大切です。

①　社長などの経営責任者がトップとなる

　防災計画を策定しそれを推進するにあたっては、まず社長などの経営責任者がリーダーシップを発揮する体制でなくてはなりません。

　防災計画を策定・運用する過程では、建物の耐震工事、自家発電装置の導入、そして備蓄などの投資が求められます。そして、それらの投資を行うかどうか、また実行する場合にその優先順位をどうするかについては経営責任者の判断が必要となります。

　また、実際に地震が起こった場合にも、部門間で従業員をどのように融通しあうかなど部門を横断した調整が必要となります。このため社長など経営責任者がトップとなり、リーダーシップを発揮できる体制を構築することが非常に重要です。

　さらに近年では、災害が発生した際に消費者に自社の製品を提供する、あるいは地域の復旧作業に従業員をボランティアとして参加させるなどの社会貢献活動を行う企業も増えています。平常時は実施していない新たな活動について、迅速に、そして適時な判断を行うためにも経営者自らが意思決定を行う体制が必須です。

②　各部門から幅広いメンバーを選定する

実際に地震が発生した場合には、建物・設備や従業員はもちろん、各種インフラが限られた状況で復旧活動などに取り組まなくてはならないため、各部門の協力が重要です。総務・人事部門などを中心に体制を構築することが多く見られますが、営業部門・製造部門などとも連携してこそ、防災計画が的確に運用できます。そこで、総務部だけ、あるいは人事部だけという体制を立ち上げるのではなく、各部門からの幅広い人材をメンバーとする体制を組むことが望まれます。

また、選定されたメンバーは、それぞれが所属する部門の業務と並行して防災計画に関連する業務を行うことになりますから、その内容について経営トップはもちろん、所属部門長の理解を得ておくことも重要です。

③　代行順位や権限委譲について決めておく

社内の防災計画の運用体制においてもう一つ重要なことは、その体制における代行順位や権限委譲のルールについて決めておくことです。

地震など甚大な災害が発生した場合には、自社の従業員全員が無事であるという保証はなく、また無事であったとしても、遠方に出張している、あるいは家族が負傷しているなどさまざまな事情から会社に出勤できない可能性が考えられます。

防災計画の運用体制においてメンバーが不在の場合に、その欠員を誰が埋めるのかとともに、その代行者に権限が委譲されることを定めておくことが必要です。

例えば、本部長を務めるべき社長が不在であれば専務が、さらに専務も不在の場合には本部メンバーである部長のうち最上席の部長が本部長を務める、といったルールです。そして代行者である本部長には、本来社長が持っている権限が委譲されるという仕組みを構築することが求められます。

(2) 防災計画の組織体制の例

① 組織体制

　防災計画の組織体制は、それまでに構築されている自衛消防組織などによっていくつかのパターンがありますが、中小企業の場合は、従業員の数も限られることから**図6**のようなフラットな形にすることが考えられます。

　これは、地震などの緊急事態が発生したときには、すべての情報を一刻も早く本部に集約し、それに基づき経営トップが迅速な判断・指示を行い、それを現場で速やかに実践することが求められるからです。組織をフラットにすることで、本部と各部門の連絡や情報共有が効率的に行われ、また両者の中間に階層を設けることによる情報の伝達ミスなどを防ぐことができます。

　ただ、一つの事業所の規模がある程度以上の場合は、本部と地区隊（例えばフロア別）に分け、それぞれの組織をフラットなものにすることでもよいでしょう。

② 組織体制内の業務分担

　策定した組織体制のもとで、防災計画においてやるべき業務を分担して進めることになります。そのためには、災害発生時に、どの班の誰が何をやるかということを決め、それぞれの責任を明確にしておくことが重要です。

　図6の体制図のようにいくつかの班に分けて、業務を割り当てる形になりますが、その業務内容を**表4**に示します。

　中小企業では、複数の企業が入居するビルに事業所を構えることも多くありますが、その場合、責任の所在が明確でないため初動対応が遅れることが考えられます。平常時から、自社が入居するビルの所有者と打ち合わせを行い、ビル全体としての避難誘導、共用部分の安全確保などについて確認しておくとよいでしょう。

図6　防災計画の組織体制（例）

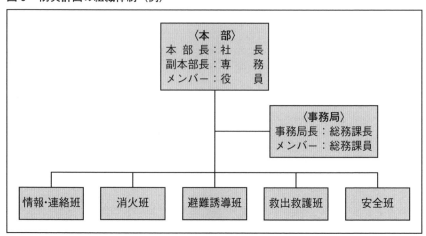

表4　災害発生時の班別業務内容

班	災害発生時にやるべきこと
情報・連絡班	●被災情報の調査・収集・管理 ●災害に関する全般的記録作成 ●消防署・警察署など外部関係機関との連絡調整 ●本部及び各班への連絡・情報共有　など
消火班	●火災の予防 ●消火器などによる初期消火 ●防火戸等の閉鎖や門扉の解放など消火活動の準備 ●消防署員の火災現場・屋内消火栓への誘導　など
避難誘導班	●避難開始の指示 ●避難経路上の障害物の除去 ●避難者を誘導し、建物から退避 ●広域避難場所等への誘導 ●未避難者等の確認と対策本部への報告　など
救出救護班	●社内救護所の設営 ●ケガ人の救出及び応急処置 ●救急隊との連携・情報共有　など
安全班	●非常電源の確保 ●エレベーター等設備の点検 ●応急修理　など

5　対策本部と必要な物資等

(1)　対策本部の立ち上げ

　防災計画においてやるべきことは、いくつかの班やグループに分かれて進めることになりますが、その全体の動きを統括するのが対策本部です。企業によっては、災害対策本部、防災対策会議などさまざまな名前で呼ばれていますが、その中身は会社全体で災害対応を行うにあたり、全体をまとめる役割を果たすということに変わりはありません。

(2)　対策本部の立ち上げ基準

　実際に地震が起こり、揺れがおさまった段階で対策本部を立ち上げることになりますが、その基準を明確にしておくことが必要です。

　「震度5強以上」、あるいは「震度6弱以上」のように、発表された震度に基づいて対策本部を自動的に立ち上げるという企業も多くみられますが、最終的には、実際の被害の有無とその程度に応じて判断するとよいでしょう。

(3)　対策本部の場所

　対策本部の場所は、原則として本社ビルとなりますが、本社ビルの被害が大きい場合は、別の場所で立ち上げることを検討する必要があります。また、本社ビルがある地域以外の拠点が被災した場合は、本社ビルに対策本部を設置するとともに、あわせて現地対策本部の立ち上げを検討します。

　対策本部を置く場所は、発災時にどの拠点が被災するか、またどれくらいの被害を受けるのかによって、当初の計画どおりに設置できるとは限らないことから、設置場所の代替案を決めておくことが重要です。

　また、自社の建物に地震による損傷がない場合でも、津波被害が想定される地域に立地している場合は、それを踏まえて代替場所を検討する必要があります。

　自社が高層ビルに入居している場合は、本部をどの階に置くか注意します。大地震が発生すると、エレベーターが使用不可となり、上下階の移動は階段を使わざるを得ないという事態が考えられます。上下階の移動を少なくするため、津波リスクを考慮した上で対策本部を低層階に設けるとよいでしょう。

　大企業の場合は、平常時から設置されている防災センターなどに、地震発生時の対策本部機能を持たせ、そこに災害時に必要な機器類や物資を配備することも多いようです。

　しかし、中小企業の場合は、平常時から独自の防災センターを設置することは難しいため、総務部や庶務課など対策本部の事務局となる部門のフロアに、必要な資源を集めて対応することが現実的でしょう。

⑷　対策本部に必要な物資等

　大きな地震が発生して、支援物資が届くまでには数日かかります。

　中小企業として、その間を持ちこたえ、そして復旧作業等を行うための物資を準備・備蓄しておくことが必要です。

　対策本部として、さまざまな災害対策を実行するにあたり必要な物資には**表5**のようなものが考えられます。備蓄しておく物資は、実際に被災したときにどのようなことに使うのか具体的なイメージを持って選定することが大切ですが、そのポイントは次のとおりです。

①　救助・救急に必要な物資

　大きな地震が発生した後は、さまざまな社会機能がマヒすることが考えられます。救急医療に関しては、需要が大幅に増えるため「救急車の出動要請をしてもすぐには対応してもらえない」という状況が起こります。

表5　対策本部の運営に必要な物資

設備・機器類で必要な物資	●机・椅子 ●ホワイトボード ●テント ●ランタンなどの照明	●パソコン ●コピー機 ●懐中電灯 ●ICレコーダー　など
情報収集・連絡に必要な物資	●テレビ・ラジオ ●拡声器・メガホン ●自転車 ●従業員名簿・連絡網　など	●無線電話 ●MCA無線 ●トランシーバー
エネルギー源として必要な物資	●自家発電機 ●カセットボンベ ●発電用燃料　など	●乾電池 ●モバイル充電器
救助・救急に必要な物資	●救助用工具セット ●投光器 ●救急セット	●ロープ ●スコップ ●避難はしご　など
生活に必要な物資（水、食料品）	●水 ●インスタント食品	●レトルト食品 ●缶詰　など
生活に必要な物資（その他）	●簡易トイレ ●トイレットペーパー ●ウェットティッシュ ●紙皿・紙コップ・割り箸 ●衛生用品 ●ビニール袋 ●タオル　など	●ポリタンク・バケツ ●カセットコンロ ●ラップフィルム ●毛布 ●アルコール消毒薬 ●長靴

（注）「設備・機器類で必要な物資」は、対策本部を会議室等に設営する場合を想定しており、総務部など、日常業務を行う場所に設営する場合は特段の準備が必要ないものも含む。

　会社の中で負傷者が出た場合は、従業員が、そのケガ人を救出して応急手当をすることを前提に物資を準備します。

②　情報収集・連絡に必要な物資

　従業員に連絡するための従業員名簿や連絡網などは、一般的に電子データで保存されています。平常時は、電子データで連絡先を確認することが可能

ですが、地震発生時には、データを格納したパソコンが壊れてしまう、あるいは停電でパソコンが使えないなどの事態も考えられますから、個人情報保護に留意しつつ紙ベースで準備することも大切です。

また、無線電話や MCA 無線※などの機器類については、対策本部の従業員がその使用方法に習熟していることが重要です。その機器類の担当者だけが使用方法を知っていても、担当者が被災時の現場にいないことが考えられるからです。

③　エネルギー源として必要な物資

エネルギー源として備蓄しているものは、被害に見舞われたとき実際に使用できることが極めて重要です。

自家発電機はあるが発電用の燃料がない、またトランシーバーはあるが電池が劣化して使えないなどの事態が起こらないよう、定期的に備蓄量や使用期限を確認しておきましょう。

④　生活に必要な物資

地震発生後に、企業の従業員が一斉に帰宅しようとすると道路や駅周辺が多くの人で埋まり、自衛隊や警察・消防などの緊急車両が移動できないなど、救助・救命活動に支障があります。また、歩いて帰宅している途中、余震による建物倒壊や、火災などに巻き込まれ自ら危険にさらされる可能性があります。

そこで企業は従業員に対して、「災害が起こったときはむやみに移動せず安全な場所にとどまること」を周知することが求められています。実際、東京都など一部の自治体では、条例などにより従業員の一斉帰宅抑制が事業者の努力義務となっています。

※ MCA 無線

法人向けの業務用無線。携帯電話に比べて輻輳のない通信であること、また一斉通信が可能なことから、災害時に強いとされている。

　このような背景から、従業員が自社内にとどまれるように、企業は水・食料品など生活に必要な物資を備蓄するよう求められています。

　従来は、3日分の水・食料品・その他必要な物資の備蓄が必要であるとされていましたが、最近は非常に広い地域に被害が及ぶ可能性がある南海トラフ巨大地震などを踏まえ、1週間分以上の備蓄が推奨されています。

　なお、水・食料品については、消費期限がありますから、定期的に消費期限切れのものがないか確認することが必要です。

　また備蓄は、従業員の数が多い場合は相当な量になりますから、備蓄する場所の確保も検討しておきましょう。

6　防災訓練の重要性

　これまでに発生した大規模災害を振り返ってみると、防災計画が策定されていた企業でも、その計画が十分に機能しなかった場合が多くありました。これは計画があっても、それを実際に運用できるかどうかの検証が不十分であったからと考えられます。

　ここでは、策定した防災計画の実効性を向上させるために行う訓練について考えます。

(1)　訓練とは

①　目　的

　訓練の目的をまとめると次のようになります。

1）災害時に企業が受ける被害のイメージを明確にする

　災害発生時には、企業そのものはもちろん、電気・ガス・水道のインフラ、通信や交通など企業を取り巻く状況が悪化するとともに、行政や非被災地域からの支援が必ずしも要請どおりに得られるとは限りません。

　策定した防災計画で対応が可能であるかを確認するためにも、まず自社の被害イメージを明らかにします。

2）防災計画の見直しを行う

　実際に訓練を実施すると、手順どおりに進まないことや足りない物資が出てくるなど、計画の不備や改善点が明らかになります。実施した訓練の結果を踏まえて計画を見直し、修正することが大切です。

　あわせて、故障している機器類の修理や足りない備蓄品の購入など、防災・減災のために必要なことに対応します。

３）防災計画への理解を深め、実践能力を高める

　計画は策定して終わりではなく、それが実践されてこそ意味があります。従業員が計画の内容を理解しているとともに、災害時には計画に従って動けることが極めて重要です。

　訓練を繰り返すことによって計画の内容が身につき、また実際に身体を動かすことで、その実践能力を高めることができます。

② 　訓練の準備

　防災計画が実際の災害時にも運用できるよう、その実効性を高めるための訓練ですから、訓練参加者の対応がうまくいくような設定にするのではなく、むしろ計画そのものの課題や問題点が浮かび上がるように準備を進めることが大切です。

　訓練の準備にあたっては、次の点に留意するとよいでしょう。

１）訓練の範囲とする項目

　訓練の範囲をどこにするかは、訓練の規模や参加者に応じて特定の項目に絞る場合、また全体を通して確認を行う場合などさまざまです。

　特定の項目についての訓練としては、対策本部の立ち上げ、一時帰宅の抑制対応、ライフラインの被災状況確認などがあります。また全体を通して確認を行う場合も、被災直後の初動場面、一定時間経過後の対応など、ある程度ポイントを絞ったほうがよいでしょう。

２）訓練を実施する日程

　訓練には、多くの従業員が可能な限り参加できることが望ましい訳ですが、平常時の業務への影響も考慮して日程を決めましょう。

　また災害は、従業員の数が少ない夜間や休日などにも発生することが想定されますから、安否確認訓練などはそのような時間帯に行うことを検討しましょう。

３）防災計画上の設定に対する柔軟な対応

　防災計画はあくまで計画ですから、実際の災害時に想定されたとおりのことが起こるとは限りません。

　例えば、大会議室を対策本部の場所として使うと決めていても、被災状況によっては使えないことがあります。

　また、それぞれの従業員が初期消火班、避難誘導班などの役割を与えられていても、災害時には負傷してそれぞれの班に欠員が出ることも予想されます。

　訓練を進めるときには、計画上の設定とは異なるシナリオを訓練参加者に示し、臨機応変な判断や対応が必要であることを理解してもらうことが必要です。

４）近隣住民との連携

　訓練は、地元の消防署などを含め行政機関と協同して行うことが重要ですが、それに加えて近隣住民との連携も必要です。

　平常時から協力体制を確立して、企業と地域が一体となった訓練を行うことも検討しましょう。

(2)　訓練の実施

　ここでは訓練を実施するにあたり、どのような範囲を対象として行うとよいか、いくつかの項目や場面をあげて説明します。企業の規模や従業員数、また被災後に事業をどの程度継続するのかなどの要素を考慮した上で訓練を進めるとよいでしょう。

①　対策本部立ち上げに関する訓練

１）主な訓練項目

　対策本部は、災害時に時間が切迫する中で、限られた資源を配分し的確な

指示を出すという重要な役割を担っています。被災後、速やかに本部を立ち上げ、一刻も早く初動対応を進めることが必須です。

2）訓練におけるポイント

ⅰ）対策本部の設置場所

被災状況によっては、予定していた場所に本部が設置できないことがあり得ますから、柔軟に対応します。

ⅱ）通信手段やアクセス

自社の通信連絡網、外部との通信手段が確保できない場合、また道路が寸断されて外部からの支援受け入れが難しい場合も想定しましょう。

ⅲ）外部機関との連絡・情報共有

行政機関や協力企業など外部との連絡・情報共有に関する訓練を行うことになっている場合は、当該機関・事業者と連携して訓練を行う、あるいは訓練時に自社内でその役割を担う人を置くなどするとよいでしょう。

② 従業員の安全確保と安否確認

1）安全確保と安否確認

地震など大災害時の行動は周りの人に声をかけつつ、あわてず自らの身の安全を確保することが基本です。自社の建物にいる場合は、まず頭を保護し丈夫な机の下など安全な場所に避難します。

その後、地震の揺れが落ち着いた段階で、安否確認を行います。

2）訓練におけるポイント

ⅰ）安否確認

社内及び外出中の従業員の安否確認を行います。

◉自社内にいる従業員の安否確認

負傷者の数、逃げ遅れた従業員の数などを確認します。

◉外出中の従業員の安否確認

外出中、あるいは休暇など勤務外の従業員の安否確認を行います。

ⅱ）安否確認システム

安否確認システムを導入している企業は増えていますが、システムを導入するだけでは十分ではなく、従業員が自らの安否を登録できてこそ意味があります。

従業員に安否確認システムに慣れてもらうためには、その使い方を十分理解してもらう必要があります。訓練とは別に、研修会などで説明の機会を設けることが望ましいでしょう。その上で訓練の機会を捉えて、災害時の安否確認の重要性について従業員の認識を深めます。

ⅲ）緊急連絡網による安否確認

安否確認システムを導入しておらず、社外にいる従業員の安否確認を電話やメールを使って行う場合、災害時にそれらの通信手段が機能しないことが考えられます。携帯メールやSNSなどの活用の検討も必要ですが、それでも確認ができない場合に備えて、「従業員本人と家族の安全、さらに通勤経路の安全が確認できた段階で参集する」などのルールを決めておくことも必要となります。

また安否確認を手作業で行う場合は、その担当者を決めておくとともに、必ず代行者を設定しておくことが重要です。

あわせて、緊急連絡網は常に最新の情報に更新しておきましょう。

　本書「中小企業の防災マニュアル」は文字どおり、中小企業が地震など大きな災害に見舞われた際、的確に対応できるように、企業の防災対策の向上を目的に書かれています。

　しかし、その企業の防災を考える上で重要な要素として「従業員」があることを忘れてはなりません。自社の建物や工場が無事であり、その中にある機械や書類が無傷であったとしても、そこで働く従業員に大きな被害があったのでは、企業として存続することはできません。

　ここでは、自らが取り組む「自助」※の観点から、自宅の防災対策について考えます。

【自宅の防災対策】

　地震がいつ起こるかを正確に予知することは、今のところできません。従業員が会社で勤務しているときに地震が発生するとは限らず、夜間や休日など、自宅にいるときに地震に見舞われることも十分考えられます。

　企業がその防災対策において、キャビネットや書棚を固定する、水や食料品を備蓄するなどのことを行っていても、自社の従業員が自宅で倒れた家具の下敷きになっていたのでは、その後の企業活動は成り立ちません。

　企業は、自社の従業員が次のような自宅における防災対策を講じるよう啓発することが求められています。

(1)　家具・什器の転倒防止など

　阪神・淡路大震災などの地震では、家具の下敷きになって大ケガをし

※災害に対する取り組みとして、国や地方自治体が取り組む「公助」、地域の人々が助け合って取り組む「共助」、そして一人ひとりが自ら取り組む「自助」がある。

たり、亡くなった方が多数いました。自宅の家具、そして冷蔵庫などの大型電気製品などは、大きな地震が発生すると必ず倒れるものと考えて準備しておきましょう。

　家具や什器については、次のような対策を講じます。

- ●食器棚、タンス、書棚など背の高い家具は、壁に固定する
- ●書棚の場合、重い書籍は下の段に置くとともに、ひもやベルトを使い飛び出さないようにする
- ●テレビ、置物などは粘着マットの上に置く
- ●寝室や子ども部屋には、できるだけ家具を置かないようにし、家具を置く場合も背の低い家具にする
- ●家具は倒れても出入り口をふさがないように配置する
- ●窓ガラスは、強化ガラスに入れ替える、あるいは飛散防止フィルムを貼る　など

⑵　地震発生時の自らの安全確保

　震度5以上の地震が予測されたときには、気象庁から「緊急地震速報」が発表され、テレビ・ラジオや携帯電話などを通して知らされます。

　ただその場合も、「緊急地震速報」に接してから実際の地震を感じるまでは、わずか数秒から数十秒しかありません。家族に地震がくることを知らせるとともに、速やかに自らの安全を確保しましょう。

　まず、大きな家具から離れ、丈夫なテーブルの下などで揺れがおさまるのを待ちます。また、クッションや座布団などで頭部を保護するとよいでしょう。

　あわてて屋外に飛び出さないことも大切です。

⑶　**家族の間でお互いの安否確認方法を決めておく**

　地震が起こったとき、家族全員が同じ場所にいるとは限りません。お互いの安否がわからず不安になり、家族を探しに外に出た場合、火災などに巻き込まれる危険があります。

　平常時であれば携帯電話で連絡を取り合うこともできますが、災害時はつながりにくいことが考えられます。

　家族間の安否確認には、「災害用伝言ダイヤル（171）」などのサービスを利用することを家族で決めておくとよいでしょう。

⑷　**水や食料品の備蓄を行う**

　大きな地震などが発生した場合は、電気・ガス・水道の供給が止まるとともに物流が乱れて、食料品などさまざまな物資の入手が困難となります。

　また広範囲に被害が及ぶ地震などの場合は、救援物資が届くまでに時間がかかります。それぞれの家庭においても、最低３日分、できれば１週間以上の水・食料品・その他必要な物資の備蓄を行いましょう。

　参考資料：「災害時に命を守る一人一人の防災対策」（政府広報オンライン、令和２年６月19日）

第2章

被災時の
対応

1　被災時に何が起こる

(1)　大地震で起こること

　被災時にどう対応するべきかを検討するには、まず、被災時に何が起こるかを理解することが重要です。被害の様相を知ることで、企業は備えるべきことを具体的に確認することができます。

　ここではまず、首都直下地震を例にとって、大地震が発生した場合、社会がどのような被害に見舞われるか説明します。

①　建物の被害

- ●老朽化したビルや耐震性の低い木造の建物が倒壊する
- ●建物によっては、中間階が圧潰する
- ●急傾斜地が崩れることにより建物の損壊が発生する
- ●東京湾岸や河川沿いで液状化が発生し、多くの建物に沈下・傾斜の被害が起こる
- ●同時多発で火災が発生する　など

②　設備・機器類の被害

- ●キャビネットや書棚が倒れる
- ●キャスター付きの家具や事務機器は、揺れとともに移動する
- ●オープンキャビネットや棚から物が飛び出し、落下する
- ●エレベーターが停止して、閉じ込めが発生する　など

③　人への被害

●建物の倒壊や火災により死傷者がでる

●設備や機器類の転倒・落下により死傷者がでる　など

④　ライフラインへの被害

●電力供給側の設備が多く被災することにより、広範囲で停電が発生する

●都市ガスの供給が停止する

●上水道が断水し、下水道は使用できない

●固定電話は通信ケーブル被害などにより大半で通話ができない

●携帯電話は停波及び輻輳により通信困難となる

●メールの送受信はできるが、遅れが生じる　など

⑤　交通施設への被害

●国道、都県道などの多くの場所で沿道の建物や電柱が倒れ、通行が困難になる

●多くの渋滞が発生して道路網がマヒする

●鉄道が不通となる

●空港が、建物や設備の被害により閉鎖される　など

2　初動対応の重要性

　首都直下地震や南海トラフ巨大地震で想定されている激しい揺れに見舞われた場合、冷静でいることは難しく、また思ったとおり動くこともできません。

　その一方で、本社との連絡が途絶えたり、自分の上司が被災して指示を出せなかったりすることが考えられます。地震発生後に行うべき初動対応事項をあらかじめ決めておき、それぞれの従業員が主体的に動けるようにしておきましょう。

(1)　激しい揺れへの対応

　発生直後は、まず自らの安全確保を最優先して命を守ります。

　緊急地震速報が出された場合は、まず、安全な場所に移動して机の下などで身を守ります。転倒の危険がある大きな書棚やキャビネットの近くへの移動は避けましょう。

　突然、激しい揺れに見舞われて動けない場合は、低い姿勢をとり座布団などを使い頭部を中心に身を守ります。

　大地震が発生したとき、オフィスでは次のようなことが起こり得ることを想定しておきます。

- ●ガラスの入ったキャビネットが転倒してガラスの破片が散乱する
- ●棚の上の荷物や書籍が落下する
- ●吊り下げてある照明やプロジェクターが落下する
- ●揺れが激しい場合、机の上のパソコンが横に飛び出す
- ●出口の扉が変形して開かなくなる
- ●壁にかけた時計、固定したホワイトボードが落下する　など

⑵ 揺れがおさまった直後の対応

① 負傷者への対応

揺れがおさまり、自らの安全が確保できた段階で周囲の状況を確認します。そして、キャビネットや書棚の下敷きになっている同僚がいる場合は救出します。

また、負傷者がいる場合、平常時であれば災害拠点病院や救急指定病院など最寄りの医療機関に連絡して救急車の到着を待ちますが、大きな災害時には、救急車がこないことが考えられます。まず、企業において負傷者への応急手当を行うとともに、医療機関まで搬送する体制を検討しておきましょう。

② 初期消火

二次災害としての火災を起こさないため、電気やガス等の安全確認を行います。

すでに発生している火災については、協力して初期消火を行いますが、火の勢いが強く鎮火が難しいと判断される場合は、逃げ遅れがないようにします。

③ 津波からの避難

津波の浸水被害が想定されている地域にオフィスがある場合は、平常時から自治体のハザードマップを踏まえて、浸水地域や避難経路・避難場所を確認しておくことが重要です。

津波警報・注意報が発表された際は、ためらわず、すぐに避難することが重要です。また、大きな揺れ、あるいは弱くても長い揺れがあった場合もすぐに避難しましょう。

津波における避難は、より高いところに避難することが重要です。津波襲来時間が切迫しているときは、「津波避難ビル」や高く頑丈な建物に避難します。

　津波は、第二波や第三波の方がより高くなることも多いので、津波警報・注意報が解除されるまで、安全な避難場所から戻らないことが重要です。

④　建物からの避難

　建物内で火災が広がり鎮火できない、あるいは隣のビルの火災が延焼する可能性がある場合は、自社の建物から避難する必要があります。

　また、建物に倒壊の危険性があるような亀裂などを発見し、余震に耐えられない等の判断をしたときも、避難を開始します。

　建物からの避難の際には、散乱したガラスや倒れているキャビネット等でケガをしないように注意して移動します。あわせて、屋外では看板やビルの外壁が落下することも考えられますから、ヘルメットを着用して注意しながら行動しましょう。

（3）　対策本部の立ち上げ

　揺れがおさまり、自身と同僚の安全が確保でき、ある程度落ち着いた段階で、対策本部を立ち上げ復旧活動に入ることになります。

　本部の立ち上げは、「震度6弱以上で対策本部を立ち上げる」のように事前に決めている場合でも、実際の揺れの状況や物的・人的被害状況に応じて、臨機応変に動くことが重要です。

3　経営資源を守る

　大きな地震、例えば、震度6強や震度7の揺れに見舞われた際、その場でできることは、自分自身の安全を確保する、負傷者への応急手当を行う、そして初期消火をするなど非常に限定的なものとなります。

　そこで重要になってくるのは、その後の復旧活動、さらには事業継続を進めるために必要な経営資源をいかに守るかということです。

　ここでは、「建物・設備」、「人命」、そして「ライフライン」をどのように確保するべきかを考えます。

(1)　建物・設備を守る

①　建　物

　本社ビルや工場などの建物の中では、多くの従業員が仕事をしていますから、それらの建物が地震によって倒壊した場合、従業員が死亡・負傷するなどして大きな被害が発生します。また、建物が倒壊しなくても大きな亀裂が入るなどして使い続けられなくなれば、その後の事業継続に支障があります。

　ひとたび、地震発生後に建物が全壊、あるいは半壊し、その中の従業員や設備に被害が発生すると、事後、つまり地震発生後にいくら費用を投入してもその被害をなかったことにはできません。

　地震発生後に、建物内に存在する従業員の生命、そして設備・資器材という経営資源を守るためにも、建物被害を軽減することは極めて重要です。

1）耐震診断と耐震化工事

　自社の建物が十分な耐震性能をもっているかどうか、専門家の診断を受け、必要な耐震化工事を行うことで建物の被害、そして建物内の従業員や資器材の被害を軽減することが可能となります。

　建物は、建設時点の建築基準法などで定められた耐震基準に従い建設され
ていますが、その耐震基準は、地震被害による教訓や科学技術の進歩により
変わってきています。しかし、耐震基準はさかのぼって適用されませんから、
耐震基準の改正前に建設された建物は新たな耐震基準を満たしていないこと
になります。

　1981年に行われた建築基準法で耐震基準が強化されたので、それ以前に建
てられた建物は、現行の耐震基準より耐震性の低いものが多いと考えられま
す。また、1981年以降に建設された建物でも、老朽化や増改築によって構造
体の強度が変化していることがあり得ます。そのため、耐震診断を受け、適
切な補強を行うことが推奨されます。

　なお、自治体によっては、建物の耐震化工事に必要な費用の一部を補助し
ている場合があるので、最寄りの自治体に確認するとよいでしょう。

2）耐震基準の意味するところ

　また、現行の建築基準法における基準は、極めてまれな地震（震度6強か
ら震度7程度）に見舞われた場合、建物の倒壊を防ぎ人命を保護することを
目標としています。

　そのため、現行の耐震基準を満たしている場合でも、それらの大きな地震
に遭遇すると、建物にある程度の被害が起こる可能性があることを認識した
上で、建物を継続して使用できない場合の対策を考えておくことも重要です。

②　設備など

　地震に見舞われて建物が倒壊しなかった場合でも、建物内部の設備に被害
は発生します。ここでは、企業内の設備、什器備品について考えます。

　設備、什器備品は、固定していないと移動、あるいは転倒し、また、高い
場所に置かれたものについては落下します。そこで、設備、什器備品につい
ては、転倒防止対策と落下防止対策を講じることが基本となります。

　具体的な対策には、次のようなものがあります。

- ●書棚、キャビネット、ロッカーなどは壁や床に固定する
- ●キャビネット、ロッカーの上に物を置かない
- ●机上のパソコン等は、粘着性のあるパッドで固定する
- ●キャスターがついたコピー機などは固定する
- ●書棚やキャビネットは重いものを下部に入れる
- ●キャビネットにガラスが入っている場合は、飛散防止フィルムを貼る
- ●出入り口の近くに書棚やキャビネットを置かない
- ●応接室の花びんや置物は粘着性のあるパッドで固定する
- ●壁にかけた時計、鏡、額などもしっかり固定する
- ●引き出しは、施錠するか、止め金をつけて地震時に開かないようにする　など

　特に、工場などで設備を固定していない場合、転倒すると設備そのものが損傷する、従業員が負傷する、避難経路をふさぐ等が考えられますので、固定を的確に実施しましょう。また、過去の津波災害では、金型が流されて生産ができなくなるという事例がみられます。金型を同時に被災することがない別の拠点で保管することも検討するとよいでしょう。

　設備や什器備品の転倒防止、落下防止対策は、ひとたび対策を講じて終了ということではありません。新しい設備・什器備品を購入するたびに実施することが必要です。

(2)　人命を守る

　大きな地震が発生したとき、耐震基準を満たした建物の中にいたとしても、キャビネットの上に置かれたものの落下や、書棚の転倒によりケガをすることが考えられます。

①　自身と同僚の安全確保

　自分自身の安全確保のためには、初動対応の項で説明したとおり、机の下などに入り身を守る、またその場から動けないときは座布団などで頭部を保護する動作が重要です。

　そして、大きな揺れがおさまった段階で、自分の周りにいる同僚の安全確認とともに、キャビネットなどの下敷きになっている人がいれば救出します。

〈オフィスの転倒防止・落下防止の対策例〉

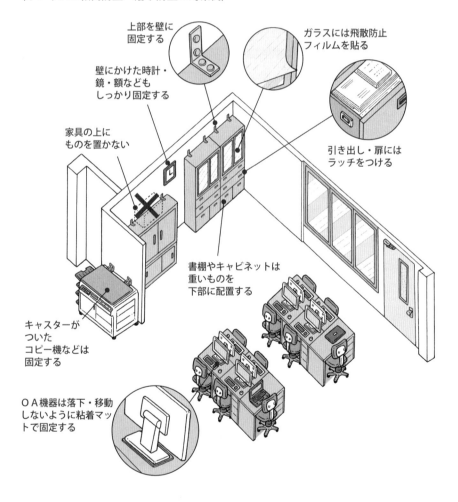

上部を壁に
固定する

ガラスには飛散防止
フィルムを貼る

壁にかけた時計・
鏡・額なども
しっかり固定する

家具の上に
ものを置かない

引き出し・扉には
ラッチをつける

書棚やキャビネットは
重いものを
下部に配置する

キャスターが
ついた
コピー機などは
固定する

ＯＡ機器は落下・移動
しないように粘着マッ
トで固定する

②　火　災

　地震で建物が倒壊していない場合でも、その後の火災により被害が拡大することがあります。火災が発生した際は、職場の同僚と協力して初期消火にあたりますが、逃げ遅れないように注意します。

　火災によって発生する煙は、人間が歩くより早く拡散しますから、姿勢を低くして、濡れたタオルやハンカチで口・鼻を押さえながら、一気に走り抜けます。

③　家庭における安全確保

　地震がいつ、そしてどこで起こるかを正確に予測することはできません。夜間や休日に地震が発生し、自宅にいる従業員がケガをしたり、命を落としたりしていては、企業としての災害対策は十分とはいえません。

　また、従業員本人が無事であっても、家族に被害があれば、すぐに職場復帰することが難しくなります。

　企業は、自社の従業員に対して、家具や電気製品の固定など家庭における災害対策を行うとともに、家族全員が地震発生時に身を守ることができるよう啓発しておくことが重要です。

(3)　ライフラインを守る

　企業がその事業を継続するためには、電気・ガス・水道などのライフラインが欠かせません。また、製造現場を持たない企業にとっても、首都直下地震や南海トラフ巨大地震のような大きな地震に見舞われた場合、従業員を自宅に帰宅させるのではなく、状況が落ち着くまで従業員を企業内にとどめておくことが求められており、生活するために必要なライフラインの重要性は変わりません。

　しかし、実際にそれらのライフラインが停止した際、その復旧を企業側がコントロールすることはできません。過去の大きな地震が発生したときの状

況などを踏まえて想定された復旧見込み時期まで、どのように電気・ガス・水道などを確保するか検討しておくことが重要です（**表1**）。

　また、それぞれの対策項目については、被災時に実際に実践できるかどうか事前に確認しておく必要があります。

表1　ライフラインを守る対策例

ライフライン	対策項目	留意するべきこと
電気	・自家発電装置の整備 ・ガス発電による供給 ・手動の機器による対応　など	・自家発電装置の燃料備蓄
ガス	・プロパンガスの準備　など	
水道	・受水槽などからの給水 ・水道局の給水活用 ・食事の外部調達などによる節水 ・ペットボトルの備蓄 ・井戸水の活用 ・仮設トイレによる節水　など	・ペットボトル備蓄量の確認と補充

コラム 「災害時は、平常時の当たり前が通用しない」

首都直下地震や南海トラフ巨大地震は、企業にとって防災・減災の観点から喫緊の課題と考えられており、防災計画やBCPの策定が求められています。

そのような計画を策定する際、企業として忘れてはいけないことがあります。それは、災害時には平常時に当たり前とされていることが通用しないということです。

ここでは、いくつか例をあげて考えてみましょう。

(1) エレベーターでの閉じ込め

【平常時と災害時の違い】

平常時であれば、エレベーターにトラブルが発生した際には、メンテナンス事業者が修理にきてくれるが、災害時には事業者の到着が大幅に遅れる。

エレベーターには、2009年施行の「建築基準法施行令の一部改正」により、地震時管制運転装置の設置が義務づけられています。この装置を備えたエレベーターは、地震を感知すると最寄りの階で止まりドアを開放します。

しかし、この装置が設置されていない、あるいは作動しないエレベーターの場合は、次のアクションをとります。

- 強い揺れを感じたら行先階ボタンをすべて押し、止まった階で速やかに降りる
- 閉じ込められた場合は、エレベーター内にあるインターフォンで救助を求める

> ●エレベーターの天井からカゴの外に出ようとしない、またドアを
> こじ開けない

　非常に大きな地震が発生したときは、エレベーターに閉じ込められた人が救出されるまでに長時間を要することが考えられます。

　エレベーター内で落ち着いて復旧を待てるように、水、食料、簡易トイレ、救急用品などを入れた非常用備蓄の導入を検討するとよいでしょう。

⑵　火災や負傷者への対応

【平常時と災害時の違い】
　平常時の場合、消防自動車や救急自動車等の緊急車両が現場に速やかに駆けつけるが、災害時は道路の閉塞により到着が遅れる。その結果、火災であれば延焼の拡大、負傷者の場合は医療機関への搬送が遅れる。

①　火災への対応

　地震の後に火災が発生した場合、119番通報を行いつつ、初期消火の対応を進める必要があります。

　企業で消火器を備えていても、従業員が使いこなせなければ火災を消し止めることはできません。次の点を事前に理解するとともに、訓練で正しい使い方を身に着けておきましょう。

> ●火元からあまり離れていると薬剤が届かない
> ●自分の身を守るために、火元の風上に立つ
> ●手順（安全ピンを引き抜き、ホースを外し、先端を持って火元に
> 　向ける）を理解する

●薬剤が出る時間を確認しておく（通常の粉末消火器では、15秒程度）　など

② 　負傷者への対応

　負傷者が発生した場合は、119番通報を行い救急自動車の出動を要請します。ただし、大地震のような災害時は、救急自動車の到着が遅れる可能性があります。従業員が各地の消防署などで行われる救命講習や応急手当講習を受けることにより、社内でも応急手当ができる体制を整えておくとよいでしょう。

第3章

復旧活動の
ポイント

1 初動対応から復旧への道筋

首都直下地震や南海トラフ巨大地震で想定されている激しい揺れに見舞われた場合、最も重要なことは、自らの命を守ることです。

その上で、あらかじめ決めておいた初動対応を的確に実践することで被災した事業所を復旧する、そしてさらに自社の事業継続に結び付けることが可能となります。

初動対応の重要性については第2章で説明しましたが、ここでは、自社の事業継続の前提となる初動対応から復旧への道筋をまとめておきます。

(1) 初動対応：激しい揺れの段階

この段階でできることは限られます。大きな揺れが発生したとき、どのようなことが起こるかを理解した上で、自らの安全確保を最優先して命を守ります。

企業では、自社の従業員が激しい揺れの中でも冷静に行動できるよう、平常時から訓練を繰り返しておくことが大切です。

(2) 初動対応：揺れが少し落ち着いた段階

大きな揺れが少し落ち着いた段階でも、余震が起こる可能性があり、限られた時間で復旧に向けて必要な事項を的確に実施することが求められます。

この段階でやるべき対応として、被害を抑える活動と情報を共有する活動があります。

① 被害を抑える活動

最初の大きな揺れによって、建物・設備損傷などの物的被害、そして従業

員の負傷などの人的被害が発生しますが、その被害をこれ以上拡大させない取り組みが重要です。

〈物的被害を拡大させない取り組み〉

●火災の防止

▶火気を使う設備や器具の利用を支障のない範囲で停止する

▶消火器、消火栓が利用できる状態か確認する

▶火災が発生している場合は、初期消火を実施する（逃げ遅れに注意する）　など

●その他

▶窓ガラスが割れたときのために、飛散防止フィルムを貼る（ない場合は幅の広いテープで代用する）

▶机の引き出しは突然飛び出さないように施錠する

▶事務機器類のキャスターはロックする　など

〈人的被害を拡大させない取り組み〉

●負傷者がいないか確認し、いる場合は応急手当を行う

●防災用品を確認して、すぐに使えるようにする

●ヘルメット・手袋を身に着けていない従業員には着用してもらう

●広域避難場所への避難を検討する　など

② 情報を共有する活動

復旧には物的資源と人的資源が重要であるという観点から、物的被害と人的被害を拡大させない取り組みについてこれまで説明しました。

しかし、被災後の復旧を進めるためには、物的資源と人的資源の被害を抑えるだけでは十分とは言えません。

実際に、社会全体の被害はどうなっているのか、電気・ガス・水道などインフラの供給体制はどうか、また取引先は大丈夫かなど、復旧するにあたっ

て必要な情報を確保し、企業内で共有することが求められます。

　次のような情報を収集して共有することが考えられます。

●大規模地震の詳細（気象庁発表の情報など）

●社会全体の被害状況（インフラの被害を含む）

●自社の建物・設備・システムの被害状況

●顧客や協力会社など関係先の被害状況

●従業員の安否　など

　社会全体の被害状況、つまり地震発生後に世の中がどのような状況にある
かを確認するとともに、自社の被害状況についても確認することが重要です。

　自社の置かれた状況を的確に認識することにより、その後の復旧に向けて
的確な対策を講じることができます。

2　自社の被害状況の確認（従業員）

　災害発生後に建物や設備が使用可能であり、さらに必要な材料・部品等が確保されていても、それを使う従業員が不在では業務を続けることはできません。

　実際に災害が発生した場合は、企業内で確保できる従業員数、そして被災地以外の拠点などから参集可能な従業員数を確認し、それらの要員を重要業務に振り分けて配置することになります。

(1)　参集ルール

　地震発生時にも、策定したBCPに従って業務を的確に進めるためには、従業員の確保が必須です。例えば、夜間・休日など従業員の多くが会社にいないときに地震が発生した場合でも、対応可能な従業員が迅速に会社に集まるようにしておく必要があります。

　地震被害の状況に応じて、企業の災害本部などから従業員に連絡や指示ができればそれに越したことはありませんが、被害の大きさや通信インフラの混乱があり、それぞれの従業員に連絡・指示を行うことが難しい事態も想定されます。

　そこで実際に災害が起こった場合に備え、従業員の参集ルールを、従業員が会社にいる場合といない場合に分けて決めておくことが考えられます。

　参集ルールの例を次に示します。

---

①　**従業員が会社にいる場合**

● 従業員が自らの安全確保を図る

● 社内にいる顧客などの安全確保と避難誘導を行う

● 火災など二次災害の防止と必要に応じて消火・通報する

●建物や設備の被災状況を確認する

●災害本部に集合し、指示に従う　など

② 従業員が会社にいない場合（休日・勤務時間外など）

●従業員及び家族の安全確保を図る

●自宅周辺の人命救助を行う

●災害情報などを収集し、通勤経路の安全を確認する

●会社に参集する　など

　前述の参集ルールに加えて、例えば震度5強以上の地震、あるいは大規模自然災害で同等以上の被害が発生した場合は、従業員自身と家族の安全確保を前提とし、さらに交通の復旧具合なども見ながら自主的に出勤することを決めておくとよいでしょう。

(2)　従業員の安否確認

　従業員の参集ルールを設けている場合でも、実際の地震発生時には、会社の中にすぐ業務につける従業員がどれだけいるか、そして会社の外にいる従業員が被災後どれくらいの時間で会社に参集可能であるかわかりません。

　特に、事前に予測した参集人数より、実際に参集可能な従業員の数が少ない場合は、それに応じて従業員を再配置することが必要です。

　そこで、従業員の安否確認を行うために、安否確認システムを導入することが考えられます。自社で独自にシステムを構築する、あるいは外部事業者が提供するサービスを利用するなどの方法がありますが、いずれの場合も発災後、時間の経過ごとに参集可能な従業員数が明らかになるような仕組みであることが重要です。

　また、安否確認システムは導入するだけでは十分ではなく、平常時からその登録や集計に関して訓練を繰り返しておくことが必要です。訓練を行うことで、実際に災害が発生したときにシステム自体が稼働するかどうかを確認

し、不備があればプログラムの修正を行うことができます。あわせて従業員が、災害時でも速やかに安否確認システムに登録できるように慣れておくことも大切です。

⑶　参集可能人数の確認

　事業を継続するためには、従業員の安否確認だけではなく、どれくらいの従業員が、今後どれくらいの時間で会社に駆けつけることができるかを確認する必要があります。なぜならば、無事であっても家族の事情などで出社するまでに時間がかかる、あるいは参集できない従業員がいるからです。

①　安否確認システムの内容

　中堅・中小企業では、メールや電話を使い従業員の安否を確認することが考えられます。しかし、被災後という緊急事態、そして混乱している状況において手作業で確認することは現実には困難ですから、何らかのシステムを導入し、自動的に集計することを検討するとよいでしょう。

　安否確認システムは、従業員が短時間で簡単に入力できることが重要ですが、次の項目は必須です。

ⅰ）従業員の状況

- ●無事
- ●軽傷
- ●重傷
- ●その他

ⅱ）参集可能な時間（次の選択肢は企業ごとに決める）

- ●1時間以内（会社の中で被災した場合など）
- ●3時間以内
- ●6時間以内

- ●24時間以内
- ●24時間超
- ●出勤不可

②　安否確認システムの集計

従業員の安否確認と参集可能人数は、**表1**、**表2**の様式で集計するとよいでしょう。

表1　安否確認の集計（例）

安否確認集計表						
部門	無事	軽傷	重傷	その他	無回答	合計
総務部	3	2	0	0	0	5
人事部	4	0	1	0	0	5
経理部	6	1	0	0	1	8
営業1部	18	3	0	1	1	23
営業2部	16	2	1	0	3	22
合計	47	8	2	1	5	63

表2　参集可能人数の集計（例）

参集可能人数集計表							
部門	1時間以内	3時間以内	6時間以内	24時間以内	24時間超	出勤不可	無回答	合計
総務部	3	0	0	0	0	2	0	5
人事部	4	0	0	0	0	1	0	5
経理部	6	0	0	0	0	1	1	8
営業1部	16	0	1	1	1	3	1	23
営業2部	14	1	1	0	0	3	3	22
合計	43	1	2	1	1	10	5	63

③　参集可能人数による事業継続体制の構築

発災からの経過時間別に参集可能人数が把握できた段階で、それらの要員をいかに重要業務に配置するかがポイントです。

ⅰ）重要業務の優先順位に従って従業員を再配置する

BCP の策定にあたり、被災時にも継続するべき重要業務の絞り込みを行いますから、その優先順位に従って参集可能要員を再配置します。

ⅱ）従業員の代替可能性を向上させておく

参集可能要員であれば、誰をどの部門に配置してもよいとはいえません。それは、今まで勤務したことのない部門に配置されても、すぐに実質的に稼働できるとは限らないからです。ある業務が特定の従業員に依存していると、その従業員が欠勤した場合に代替がきかず、業務が滞る、あるいは中断するという事態が発生しかねません。

例えば、**表3**の事例では、従業員Cが欠勤してしまうと、「給与（パート）」、「社会保険」、「労災」に関する業務を指導できる従業員がいなくなり、その後の業務遂行に支障があります。

これを防ぐために、災害発生後も継続すべき重要業務については、その他の従業員が、自分の担当していない業務についてもこなせるようにしておく

表3　業務プロセスの見える化

チーム	従業員	業務プロセス					
		退職金	給与（役員）	給与（従業員）	給与（パート）	社会保険	労災
給与厚生	A	△	△	△			
	B	○			△	○	○
	C	○	○	○	◎	◎	◎
	D	◎	◎	◎	○		

◎…指導可　　○…業務遂行可　　△…研修中

ことが必要です。

　この従業員の代替可能性の向上は、従業員一人ひとりの努力だけで実現できるものではありません。企業として従業員の業務の幅を広げる教育体制をつくるとともに、定期的な人事異動などを検討することも重要です。

ⅲ）被災地以外の拠点などからの応援

　自社の被災状況から、参集できる要員だけでは対応が難しいと判断される場合は、被災地以外の自社拠点から要員を集めることも考えられます。

　ただし、被災している地域とそれ以外の地域を結ぶ交通手段が機能するまでには時間を要すること、また実際に被災地以外から支援にきた場合の宿泊等の手配をどうするかなども踏まえて検討するとよいでしょう。

3　自社の被害状況の確認（建物及び設備・機器）

(1)　建物の確保

災害発生後に従業員が無事であったとしても、本社の建物や工場が倒壊していたのでは、企業が持っている本来の機能を発揮することはできません。

まず、平常時に耐震診断を受け、耐震改修が必要とされる場合は実行します。ただ、耐震診断・改修は、時間とともに費用もかかりますから、資金面を含めた改修計画を策定して進めることが求められます。

また、実際に地震が発生した場合は、建物の被災状況を的確に確認した上で、その後の対策を講じます。

①　目視による確認

建物の被災状況は、災害復旧体制における安全班など後方支援を担当する部門が中心となり確認します。倒壊していなくても、余震に耐えられるかどうかの観点から目視で確認することが重要です。

大きな被災を受けている建物、また安全性から使用不可と判定された建物については、従業員の避難誘導を優先しつつ、その後は、立ち入り禁止であることを建物の出入り口等に見やすく表示しておくことが重要です。それらの表示は自社従業員や顧客だけではなく、付近を通行する歩行者などにも安全であるかどうかが容易にわかるようにしておきましょう。

②　応急危険度判定

従業員の目視確認のほかに、専門家である応急危険度判定士による危険度判定があります。応急危険度判定士は、その後に発生する余震による建物倒壊の危険性、外壁や窓ガラスの落下、そして付属設備・機器の落下など二次

災害のおそれがないか、そして建物をそのまま使用してよいかについて調査します。

　この応急危険度判定は、市町村の災害対策本部が応急危険度判定士に要請することで実施されるので、平常時から市町村と連携しておくことが必要です。

③　建物の被災状況確認後の対応

　建物がどの程度使えるかによって、その後の対応は変わります。

１）事業の継続が難しい場合

　建物半壊などで予想以上に被害が大きく、その建物で事業を継続することが難しいと判断される場合は、従業員を避難させつつ代替拠点を利用して重要な事業を行うことになります。あわせて、被災した建物を復旧することができるかどうかを検討します。

　被災後に代替拠点を見つけることは極めて難しいことから、代替拠点の場所や別拠点での業務実施方法などを、第４章で説明するBCP（事業継続計画）において検討して決めておくことが重要です。

２）事業を継続する場合

　現在の建物が使用できる場合は、続いて述べる「設備・機器」、「ライフライン」、「材料・部品等」の被災状況を確認して、事業の継続に備えます。

(2)　設備・機器の確保

　事業を継続していく経営資源として建物を確保できていても、実際に業務やサービスを提供するにあたっては、建物の中にある設備・機器の確保が欠かせません。

　建物内や構内の設備・機器については、次の流れが基本です。

1）目視による点検

2）故障や破損したところについて必要に応じた応急対応

3）修理や調整など、専門業者による対応が必要な場合はその依頼

　精密機械など機器によっては目視で支障がない場合でも、地震の震動によって本来の機能が果たせないことがありますから、使用前には専門業者の点検が欠かせません。

● エレベーター

　エレベーターについては、専門業者に依頼して、閉じ込められた従業員や顧客を救出することになります。

　しかし、地震発生直後は専門業者に依頼が殺到します。病院や公共施設への出動が優先されますから、一般企業の場合はすぐに対応してもらえるとは限りません。

　そこで、救出までに相当の時間がかかることを想定して、エレベーター内に水、食料、携帯トイレなどが入った非常用備蓄ボックスなどを装備しておくとよいでしょう。

　その後、専門業者による点検を経て、再運転が可能となるように調整します。ただし、電力供給量に限りがある場合は、節電の観点から使用制限を行うことも必要です。

4　自社の被害状況の確認（ライフライン）

　大規模な地震が発生した場合、電気・ガス・水道などのライフラインは、一定期間その供給が止まることが考えられます。

　例えば、首都直下地震では次のような被害想定が出されています（**表4**）。

表4　首都直下地震によるインフラの被害想定

インフラ	被災直後の被害	復旧推移
電気	最大約1,220万軒（全体の約5割）が停電すると想定される。	供給側の被災に起因して、広域的に停電が発生する。主因となる供給側設備の復旧には1ヵ月程度を要する。
ガス（都市ガス）	供給停止戸数は最大で約159万戸と想定される。 （ただし、都市ガスでは、地震動により全半壊した建物や焼失建物は安全性等の条件が整うまでは復旧対象とならないため、供給停止戸数から除外されている）	安全装置のために停止したエリアの安全点検やガス導管等の復旧により供給停止が徐々に解消され、供給停止が多い地域においても約6週間で供給支障が解消される。
上水道	最大で約1,440万人（全体の約3割）に断水の影響があると想定される。	発災約1ヵ月後には、ほとんどの地域で利用支障が解消される。
下水道	最大で約150万人（全体の数％程度）が利用困難になると想定される。	発災約1ヵ月後には、ほとんどの地域で利用支障が解消される。

「首都直下地震の被害想定と対策について（最終報告）」（中央防災会議・首都直下地震対策検討ワーキンググループ、平成25年12月19日）をもとに作成

1）使用可否の確認

　製造業など、電気・ガス・水道の供給が業務に不可欠である場合、通常、企業はその代替策を考えています。

　例えば、自家発電装置、井戸水などをその代替手段として考えているとき
は、目視確認で被害がない場合でも、実際に使えるかどうかをすぐに確認し
て、円滑な業務再開に結びつけることが重要です。

　点検の結果、使えないことが判明した場合は、専門業者による修理を速や
かに手配します。

２）電力消費量の管理

　自家発電装置を使用する場合、また、電力供給が再開されても供給制限が
ある場合などは、限られた電力量を効率的に利用するため、社内の防災セン
ターなど後方支援部門で使用電力の管理を行うことが大切です。あわせて自
家発電装置の稼働に必要な燃料の消費量も、継続的に管理することが必要と
なります。

　供給電力量に制限がある場合は、自社のどの機器類に電力を使うかについ
て優先順位をつけることも忘れてはなりません。

5 自社の被害状況の確認（材料・部品等）

　材料・部品等についても、まずそれらが保管されている場所で被害状況を確認します。その上で、生産に使える材料・部品の量を確認します。

　確認の結果、足りない材料・部品とその不足量がわかった段階で、供給事業者に発注することになります。

　被災時に調達担当者が不在になるということが考えられます。コアとなる事業の生産を続けるにあたり必須の材料・部品に関する供給事業者の詳細をリスト化しておきそれを活用します（**表5**）。

　また、供給事業者が被災してそれらの必須となる材料・部品を供給できない事態に備え、平常時に代替事業者の検討・選定を行うことも進めておくとよいでしょう。

表5　材料・部品等の情報

供給品目	供給事業者				発注番号	代替事業者
	会社名	電話番号	部門	担当者		
アルミブロック（A型）	△△アルミ㈱	123-4567	機械一部・一課	桜井課長代理	A-999	××アルミ
アルミブロック（B型）	△△アルミ㈱	123-5678	機械一部・二課	幸村課長代理	A-888	××アルミ
切削ビット	××機械	234-5678	機械一部	西澤課長	C-111	検討中
切削油	○○オイル商事	345-6789	営業一部	牧田主任	O-222	△△商事

コラム1 「企業における帰宅困難者対策」

大地震が発生すると、大都市では鉄道等の運行停止や道路での大規模渋滞などにより多くの帰宅困難者の発生が想定されています。

例えば、「首都直下地震の被害想定と対策について」（2013年12月）によると、首都直下地震が発生した際の帰宅困難者数を東京都市圏で約640万人から約800万人、そのうち東京都で約380万人から約490万人になるとしています。

公共交通機関が止まっている状況の中で、多くの人が一斉に帰宅を始めると救助・救援活動に支障をきたすことが懸念されます。また混乱時に帰宅すれば、地震による建物倒壊やその後の火災、さらには余震等によって自らを危険にさらすことにもなります。

そこで企業においては、従業員を一斉帰宅させず自社の施設内に待機させ、従業員の安全を確保することが求められています。

ここでは、従業員の一斉帰宅を抑制するために企業はどのような準備を整えればよいか考えます。

⑴　建物・設備の安全確保

地震の発生後、自社の建物が倒壊するなど被害を受けていたのでは、従業員は社内にとどまることができません。

建物や設備の安全確保は、次の点がポイントです。

- ●建物の耐震性を確認しておき、安全性を確保する
- ●オフィス内の家具や事務機器の転倒・落下防止対策を講じる
- ●窓やキャビネットなどのガラス部分は飛散防止対策を講じる
- ●負傷者のための応急救護所の設置を検討する　　など

⑵　社内にとどまる従業員のための備蓄

　災害発生後、しばらくの間は物流機能などがマヒして、水・食料等を含む生活に必要な物資の入手が困難となりますから、企業はそれらの物資を備蓄しておくことが重要です。

　これまでは、「３日分の備蓄」が必要とされていましたが、最近は地震の影響が極めて広域に及ぶ可能性もあることから、「１週間分の備蓄」が推奨されています。

⑶　家族の安否確認の体制構築

　東日本大震災が発生したとき多くの人が帰宅した理由として「家族の安否が心配」ということがあげられています。自分の家族が無事であるとわかれば、「発災後の状況が落ち着くまで、お互い安全なところにとどまる」という決断ができます。

　大地震が発生した際、固定電話や携帯電話では、通話規制等により平常時のように連絡を取り合うことができません。また、どのような通信手段が有効なのかということは、実際に地震が起きてみないとわかりません。

　そこで、企業は従業員に対して、社内の防災教育において次の点も啓発しておくとよいでしょう。

> ●家族等との連絡手段を複数確保しておく
> ●「災害用伝言ダイヤル」などの仕組みについては、家族全員で使い方に慣れておく

⑷　混乱収拾後の帰宅ルールの策定

　地震の発生後、火災が鎮火し、また救命・救助活動など落ち着いた段階でも、全員が一斉に帰宅を始めるとやはり混乱が生じます。

社会全体の状況を踏まえて従業員の帰宅開始時期を検討するととも
に、帰宅させるときのルールを策定しておくとよいでしょう。

コラム2 「中小企業強靭化法を活用しよう」

2019年7月、中小企業の「災害対応力の向上」と「円滑な事業承継の促進」を目指す、「中小企業の事業活動の継続に資するための中小企業等経営強化法等の一部を改正する法律」、通称「中小企業強靭化法」が施行されました。

災害が多発する一方で、中小企業の防災・減災への対応がなかなか進まないことを踏まえ、この法律に基づいて「事業継続力強化計画認定制度」が新たに創設されています。ここでは、「中小企業強靭化法」および「事業継続力強化計画認定制度」の主な概要について解説します。

⑴ 中小企業強靭化法とは？

中小企業強靭化法の概要を一言で表すと、「中小企業が行う防災・減災の事前対策について、経済産業大臣が認定する制度が新たにできた」ということになります。この認定を受けた中小企業は、税制優遇や補助金の加点などの支援策が活用できることとなり、企業の防災・減災の取り組みが進むことが期待されています。

〈計画認定のスキーム〉

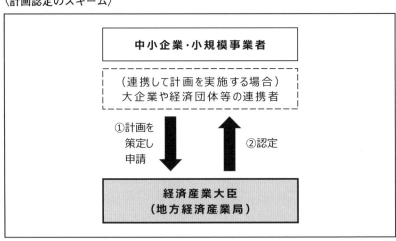

この申請・認定に必要な計画を「事業継続力強化計画」と呼びます。認定の対象はあくまで中小企業・小規模事業者に限られますが、大企業である親会社など複数の企業と連携して取り組む場合には「連携型」での申請も可能となっている点が特徴的です。

⑵　事業継続力強化計画とは？

　この認定に必要な「事業継続力強化計画」は、防災・減災のための事前対策に特化したものであり、次章で解説する「BCP（事業継続計画)」とは異なります。

　事業継続力強化計画は、所定のフォーマットに基づいて、以下の項目を検討、盛り込むこととなります。

●事業継続力強化に取り組む目的の明確化

　　自社として、防災・減災に取り組む目的を明確化、記載します。

●ハザードマップ等を活用した、自社拠点の自然災害リスク認識と被害想定策定

　　自社の拠点がある場所の特性を踏まえ、地震や風水害などの各種災害のうち、どのような災害に特に留意しておくべきなのか、その災害が発生した場合にどのような被害・悪影響が生じる危険性があるのか、を想定・記載します。

●発災時の初動対応手順（安否確認、被害の確認・発信手順等）策定

　　万一災害が発生した際に、従業員の安否確認や自社の建物・設備の被害状況の確認手順など、企業としてまずやるべきことをどのような体制で（誰が、どのように）行うか、を明確にしてその内容を記載します。

● 「ヒト」「モノ」「カネ」「情報」を災害から守るための具体的な対策

　　具体的な防災・減災対策を考えるにあたって、企業が守るべき経営資源を「ヒト」「モノ」「カネ」「情報」の４つに区分し、それぞれの災害発生時の被害をできる限り抑えるために強化する対策を検討、記載します。

　　　（例）ヒト：社員の多能工化、他拠点からの応援要員の派遣ルール、在宅勤務・テレワークの促進など

　　　　　　モノ：建物・設備の耐震補強、停電に備えた蓄電池・自家発電設備の設置、ガラスの飛散防止、落下防止措置、浸水に備えた止水板の設置など

　　　　　　カネ：緊急時に備えた資金の流動性の確保、損害保険の活用など

　　　　　　情報：重要データや通信のバックアップ、遠隔地での保管など

　　　　　　※自社にとって必要で、取り組みを始めることができる「現実的な対策」を記載

● 計画の推進体制

　　この計画の取り組みをどのような社内体制で進めるのか（推進事務局部門や社内各部門の役割分担など）を記載します。特に経営層が関与して、トップダウンで進めていくことが求められます。

● 訓練実施、計画の見直し等、取組の実効性を確保する取組

　　決めたルールを役員・管理職・従業員など必要な社員に周知していく方法やタイミング（年に１～２回の訓練を実施するなど）、また計画の見直しを定期的に行う方法やタイミングなどを記載します。

〈事業継続力強化計画　チェックシート〉

STEP 1	目的の明確化

☐ 自然災害対策に取り組む目的や基本方針を定め、社内で共有しましょう。

STEP 2	リスク認識・被害想定

☐ ハザードマップ等を活用して、自社拠点で想定される自然災害リスク（地震・津波、風水害等）を把握しましょう。
☐ 自然災害が発生した場合に、自社へ与える影響について認識しましょう。

　　　☐ 人員に関する影響　　☐ 建物・設備に関する影響　　☐ 資金繰りに関する影響　　☐ 情報に関する影響
　　　☐ その他の影響

STEP 3	事前対策（初動対応の整備、経営資源対策の検討）

☐ 自然災害発生時の安全確保などに関して、具体的な対応手順を作成しておきましょう。
☐ 災害時の人員確保対策を検討しましょう。（例：代替要員の育成、緊急参集要員の任命など）
☐ 浸水対策や耐震固定など設備類への対策を検討しましょう。
☐ 損害保険への加入など、リスクファイナンスの対策を検討しましょう。
☐ データのバックアップなど、情報資源への対策を検討しましょう。

STEP 4	実効性の確保

☐ 経営者は自然災害対策に積極的に関与し、取組を推進しましょう。
☐ 平時からマニュアル作成や事前対策を推進していく体制を整備しましょう。
☐ 訓練や教育などを実施し、自然災害対策の実効性を高めましょう。
☐ 対応マニュアル等は、定期的に見直しを実施しましょう。

　詳しくは中小企業庁のホームページに掲載されていますので、こうした新しい制度のメリットを最大限活用して、自社の防災・減災に役立ててください。

（MS ＆ AD インターリスク総研株式会社）

第4章

BCP
（事業継続計画）
の基本

1　BCP（事業継続計画）とは何か

　企業が地震などの災害への対策を考える際、二つの考え方があります。

　一つは、災害からの被害を軽減する「防災活動」の観点から考える方法です。ただ、防災計画を策定した結果、災害による被害が最小化できたとしても、その後の復旧に時間がかかると顧客を失うことが考えられるなど、優先的に行うべき業務を速やかに復旧し継続することが求められます。

　そこで二つ目として、災害による罹災後も事業を続けていくという「事業継続計画」の観点から考える場合があります。

　これまで、第1章で「職場での災害の発生に備える」、第2章で「被災時の対応」、そして第3章で「復旧活動のポイント」と、「防災計画」の観点から説明を進めてきましたが、この第4章では、「BCP（事業継続計画）」についてその概要を説明します。

(1)　BCP の概要

　内閣府（防災担当）が作成した「事業継続ガイドライン―あらゆる危機的事象を乗り越えるための戦略と対応―」では、BCP を次のように定義しています。

> **事業継続計画（BCP：Business Continuity Plan）**
>
> 　大地震等の自然災害、感染症のまん延、テロ等の事件、大事故、サプライチェーン（供給網）の途絶、突発的な経営環境の変化など不測の事態が発生しても、重要な事業を中断させない、または中断しても可能な限り短い期間で復旧させるための方針、体制、手順等を示した計画のこと。

この定義の中で、いくつか押さえておくべき点があります。

① 考慮するべき事象は自然災害に限定されていない

このガイドラインでは、BCPを策定するにあたり考慮すべきこととして、大地震等の自然災害や感染症だけではなく、テロ等の事件やサプライチェーンの途絶など自社の事業を中断させる原因となり得るあらゆる発生事象を対象としています。

BCPでは、その事象が自然災害であるかどうかという点ではなく、その結果として生じる混乱や中断に焦点を当てて考えます。つまり、考慮すべき事象の結果として、例えば、建物が使えない、従業員が出社できないなどの事態に対処することを主眼として計画を策定します。

② BCPは中断した事業を復旧させるためだけの計画ではない

BCPと聞くと、中断した事業をいかに短い時間で復旧させるかという点が重要であると考えがちですが、それ以前にそもそも重要な事業を中断させないことも大切な要素です。

事業を中断させる原因となり得る事象が発生しても、まず事業が中断しないようにBCPに従い準備をしておき、その発生後には残されている経営資源を活用して事業を復旧させる流れとなります。

③ BCPは防災計画と関係が深い

防災計画における主な目的には、「身体・生命の安全確保」や「物的損害の軽減」などがありますが、BCPの主な目的は、「それらの防災計画の目的に加えて、優先的に継続・復旧すべき重要業務の継続または早期復旧」です。つまり、BCPの大前提として防災計画があると言え、両者は密接な関係にあります。

しかし、防災計画とBCPには、異なる点もあります。それぞれの計画が「考慮すべき事象」を例に考えてみましょう。

　防災計画は、自社の事業所がある地域で発生することが想定される災害だけを考慮します。具体的には、自社の事業所が海岸から遠い場所にあれば、津波に見舞われる可能性はありませんから、津波を対象とした防災計画を策定する必要はありません。

　一方、BCP では、自社の事業中断の原因となり得るあらゆる発生事象を考慮することになります。例えば、自社の事業所が海岸から遠い場所にあっても、部品を調達する企業が津波被害に見舞われ、その影響を受けることが想定されるのであれば、その要素を踏まえて BCP を策定します。

　防災計画と BCP の考え方の違いをまとめると**表1**のとおりですが、生命・財産を守る防災計画と、事業継続を目指す BCP を車の両輪と考えて取り組むことが極めて重要です。

(2) BCP の重要性

　現在、企業における BCP の策定は、社会的責任の観点から必要であると認識されています。

　国の「国土強靱化政策大綱」（2013年12月17日、国土強靱化推進本部）でも、大規模災害等の発生後に企業が果たすべき役割として「国の経済活動を維持し迅速な復旧・復興を可能とするのは、政府や地方公共団体はもとより、個々の企業における事業活動の継続確保の有機的な積み重ねである」と記載されています。

　実際、大きな地震や水害によって、多くの企業が甚大な被害を受け、その結果として事業の停止に追い込まれる事例が続いています。また、自社には被害がない場合でも、原材料の供給や製品の輸送・販売などに関わる関係企業のどれかが被災すると、その影響を受けて自社の事業も停止する場合があります。

　これらの事態が起こっても、自らが生き残り、顧客や社会への供給責任などを果たすためには、BCP を策定し速やかに事業を復旧し、継続していくことが重要です。

表1 「防災計画」及び「事業継続計画」のポイント

	企業における防災計画のポイント	企業における事業継続計画のポイント
主な目的	●身体・生命の安全確保 ●物的被害の軽減	●身体・生命の安全確保に加え、優先的に継続・復旧すべき重要業務の継続または早期復旧
考慮すべき事象	●拠点がある地域で発生することが想定される災害	●自社の事業中断の原因となり得るあらゆる発生事象（インシデント）
重要視される事象	●以下を最小限にすること 　▶死傷者数 　▶損害額 ●従業員等の安否を確認し、被災者を救助・支援すること ●被害を受けた拠点を早期復旧すること	●死傷者数、損害額を最小限にし、従業員等の安否確認や、被災者の救助・支援を行うことに加え、以下を含む 　▶重要業務の目標復旧時間・目標復旧レベルを達成すること 　▶経営及び利害関係者への影響を許容範囲内に抑えること 　▶収益を確保し企業として生き残ること
活動、対策の検討範囲	●自社の拠点ごと 　▶本社ビル 　▶工場 　▶データセンター　など	●全社的（拠点横断的） ●サプライチェーン等依存関係のある主体 　▶委託先 　▶調達先 　▶供給先　など
取り組みの単位、主体	●防災部門、総務部門、施設部門等特定の防災関連部門が取り組む	●経営者を中心に、各事業部門、調達・販売部門、サポート部門（経営企画、広報、財務、総務、情報システム　など）が横断的に取り組む
検討すべき戦略・対策の種類	●拠点の損害抑制と被災後の早期復旧の対策（耐震補強、備蓄、二次災害の防止、救助・救援、復旧工事　など）	●代替戦略（代替拠点の確保、拠点や設備の二重化、OEMの実施　など） ●現地復旧戦略（拠点の損害抑制と被災後の早期復旧の対策）

出典：「事業継続ガイドライン―あらゆる危機的事象を乗り越えるための戦略と対応―」（内閣府）をもとに作成

2　BCP 策定の流れ

　BCP が企業にとって重要であること、また社会全体からの期待度が高いことなどの理由から、その策定にあたり最初から完璧なものを目指すあまり、なかなか着手できないという企業があります。

　「着眼大局　着手小局」という言葉があります。まず自社の事業継続に関する大きな方向性を見定めた上で、できるところから手をつけ、そして、それらを少しずつ改善することで自社の事業継続能力を高めていくことが大切です。

　具体的に BCP を策定するにあたっては、**図1**の流れに沿って考えるとよいでしょう。

図1　BCP 策定の流れ

①　BCPの方針・体制
②　被害を想定する｜社会と自社の被害を知る
③　事業インパクト分析｜事業中断による影響を知る
④　重要業務の把握
⑤　事業継続の具体的対策を考える

（1）　BCP の方針・体制

①　BCP の方針

　BCP の方針は、**表1**の目的等を踏まえて決めますが、次の項目が含まれます。

> ●人命（従業員とその家族）を守る
>
> ●会社資産を保全し、事業を継続する
>
> ●地域社会に貢献する
>
> ●ステークホルダーからの信用を守る　など

② BCP の体制

　BCP を推進していく体制は、平常時に所管する業務に基づいて作成するとよいでしょう。

　例えば、従業員の安否確認や要員配置は人事部が中心となって推進するという形です。

　具体的な体制（例）は、**図2**ですが、それぞれのチームの主担当部門及び役割は、**表2**のとおりです。

図2　BCP の体制（例）

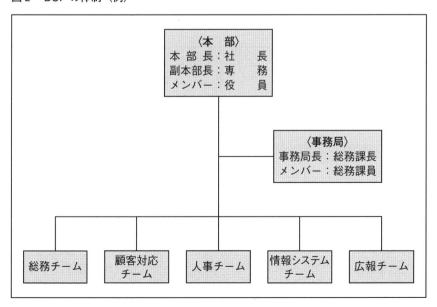

表2　BCP体制における主担当部門と役割

チーム	主担当部門	各チームの役割
総務チーム	総務部	建物の保全、備蓄確認、物資調達など
顧客対応チーム	営業部	顧客への業務提供　など
人事チーム	人事部	安否確認、要員の配置　など
情報システムチーム	情報システム部	システム全般の保全　など
広報チーム	広報部	社内の情報共有、社外広報　など

(2)　被害を想定する

①　なぜ被害想定を立てるか

　地震が起こった場合、甚大な被害が発生します。そこで自社の従業員や建物・設備、そして電気・ガス・水道などのインフラにどのような被害が出てくるかを想定し、それが自社の事業継続にどのような支障をもたらすかを明らかにしておく必要があります。

　もちろん被害想定を立てても、同じような地震が発生するとは限りません。しかし、その被害想定に基づいて自社の弱点を認識した上で、事業を継続するために必要な対策を検討し、より現実的な打ち手を講じることが重要です。

②　自社が立地する地域の被害想定

　自社が立地する地域において、どのような地震が発生するかは、国（内閣府中央防災会議）や地方自治体が発表している被害想定を参考にするとよいでしょう。

　ここでは、2013年12月に中央防災会議から発表された「首都直下地震の被害想定と対策について（最終報告）」を例にとって考えます（**表3**）。

　国や自治体の被害想定は、地震発生時間別にいくつかの想定が示されてい

表3　「首都直下地震による東京都の被害想定」

首都直下地震による東京の被害想定（都心南部直下地震の場合）	
震度	●今後30年間に70％の確率で発生する（マグニチュード7クラス） ●断層の直上付近で震度6強、その周辺のやや広域の範囲に6弱（地盤の悪いところでは一部で震度7）
津波	●東京湾内の津波高は1m以下 ●震度6強の強い揺れが生じた場合、揺れや液状化により、海岸保全施設等が沈下・損壊する可能性があり、海抜ゼロメートル地帯では、短い時間で浸水することがある
揺れによる被害	●震度6強以上の強い揺れの地域では、特に都心部を囲むように分布している木造住宅密集市街地等において、老朽化している、あるいは耐震性の低い木造家屋等が多数倒壊する ●揺れによる全壊家屋：約175,000棟 ●建物倒壊による死者：最大約11,000人
火災による建物被害	●地震発生直後から、火災が同時、連続的に発生する ●地震による大規模な断水、交通渋滞による消防車両のアクセス困難、同時多発火災による消防力の分散等により大規模な延焼火災に至る ●地震火災による焼失：最大約412,000棟 ●建物倒壊等とあわせた焼失：最大約610,000棟
火災による死者	●同時に複数の地点で出火することによって四方を火災で取り囲まれる、あるいは火災旋風発生等により逃げ惑い等が生じ、大量の人的被害がでるおそれがある ●火災による死者：最大約16,000人 ●建物倒壊等とあわせた死者：最大約23,000人
電力	●発生直後は都区部の約5割が停電 ●供給能力が5割程度に落ち、1週間以上不安定な状況が続く
通信	●固定電話・携帯電話とも、輻輳のため、9割の通話規制が1日以上継続 ●メールは遅配が生じる可能性 ●携帯基地局の非常用電源が切れると停波
上下水道	●都区部で約5割が断水し、約1割で下水道の使用ができない
交通	●地下鉄は1週間、私鉄・在来線は1ヵ月程度、運行停止の可能性 ●主要路線の道路啓開には、少なくとも1～2日を要し、その後、緊急交通路として使用 ●都区部の一般道はガレキによる狭小、放置車両等の発生で交通マヒが発生

「首都直下地震の被害想定と対策について（最終報告）」（中央防災会議・首都直下地震対策検討ワーキンググループ、平成25年12月19日）をもとに作成

ることがあります。地震の発生時間を休日や夜間に設定することで、より厳しい条件下でのBCPを検討することができます。

③　自社の被害想定

　次に、自社が立地する地域の被害想定に基づき、自社の建物・設備、従業員の被害、そして電気・ガス・水道などのライフラインの途絶によって自社にどのような被害が発生するか想定します。

　自社の被害想定（例）を表4に示しますが、この段階で重要な点は、大きな地震が発生したときに起こり得る自社の被害を、具体的に想定することです。

　それは、ここでどこが自社の弱点かを見つけることができなければ、それに応じた対策を立てることができないからです。そのためにも、この自社の被害想定作成にあたっては、社内各部門の協力を得て、落とし穴となるべきところを見逃さないことがポイントです。

表4　自社の被害想定（例）

	自社の想定被害状況
建物	●本館玄関及びロビーのつり天井が一部落下 ●新館は免震構造であり、建物に損傷はない
設備	●エレベーターは、緊急停止装置が作動し停止（閉じ込められた従業員・来訪者を救出し、点検が終了後に稼動予定） ●執務室のキャビネットが倒れ、また一部破損。書類などが散乱 ●社員食堂の調理場より出火、初期消火で鎮火
従業員	●つり天井の落下により重傷者2名 ●倒れたキャビネットによる軽傷者数名 ●社外にいる従業員の参集可能割合は、約50%
電気	●電力停止 ●ガスタービンによる自家発電設備稼動（運転可能時間は約30時間）
ガス	●中圧導管による供給のため利用可能
上水道	●断水発生 ●当面、受水槽、蓄熱水漕からの給水で対応

(3)　事業インパクト分析（BIA：Business Impact Analysis）

①　事業インパクト分析（BIA）とは何か

　大きな地震の発生などにより自社の施設が大きな被害を受けたり、また自社の従業員の多くが負傷したりすれば、平常時に行うすべての業務を継続することは難しくなります。そのために、事業に不可欠な業務に優先順位をつけて、そこに限られた経営資源を投入することにより、事業を継続または早期復旧していくことが求められます。

　そこで、事業インパクト分析（BIA：Business Impact Analysis）を実施します。事業インパクト分析を行うことにより、まず、事業が中断した際の影響がどのようなものか、そしてそれはどれくらいの大きさかを認識します。

　次に、その結果を踏まえて、優先的に継続または早期復旧が必要な重要業務を選び、いつまでに、そしてどのように復旧させるかを検討します。

②　事業インパクト分析のポイント

　事業インパクト分析においては、事業が中断した際の影響を評価しますが、そのときのポイントは次のような項目です。また、評価を行うにあたっては、「売上の減少は3,000万円」、「復旧に必要な費用は2,000万円」のように、できるだけ定量的に考えるとよいでしょう。

- ●売上や利益はどれくらい減るか
- ●顧客との取り引きが継続できるか
- ●従業員の雇用は維持できるか
- ●法律や条例に違反するようなことは起こらないか
- ●契約上の違反、例えば納期遅れなどは起こらないか
- ●資金繰りは大丈夫か　　など

⑷　重要業務の把握

....

　地震などの大災害が起こると、平常時に行っている通常業務の他に、新たな業務が発生します。例えば、損害を受けた建物・設備の復旧、被災した従業員に対する支援、そして取引先との連絡やさまざまな調整などがこの業務に該当します。

　しかしその一方で、被災時には建物・設備、従業員、そして電気・ガス・水道等のインフラなどあらゆる経営資源が足りなくなりますから、そのような状況でもやるべき重要業務を的確に選び進めることが非常に重要です（図3）。

　重要業務を選んでも、その時点で残されている経営資源の状況によっては、すべての業務を同時並行的に進められるとは限りません。そこで、選んだ重要業務についても優先順位をつける必要があります。

　重要業務の優先順位を考えるにあたっては、BCPが中断した事業をどの

図3　重要業務の考え方

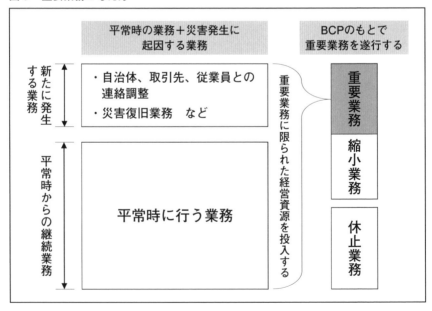

図4 「目標復旧時間」と「目標復旧レベル」

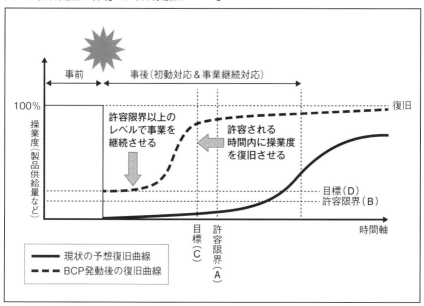

出典：「事業継続ガイドライン―あらゆる危機的事象を乗り越えるための戦略と対応―」（内閣府）をもとに作成

ように円滑に復旧させるかのイメージを示した**図4**を参考にするとよいで
しょう。

　まず、それぞれの重要業務が停止、あるいは相当程度出力が低下した場合
に、それが許容される時間の限界（**図4のA**）と、レベルの限界（**図4のB**）
を、事業インパクト分析を踏まえて推定します。

　そして、時間の許容限界より早く「目標復旧時間」（**図4のC**）を設定し、
レベルの許容限界より高く「目標復旧レベル」（**図4のD**）を設定します。

　このように設定した「目標復旧時間」と「目標復旧レベル」を踏まえ、重
要業務の優先順位を決定し、事業の復旧を進めます。

　ただ、大きな地震が起こった場合には、その事象の大きさ、インフラや取
引先の被災状況によって、許容される時間やレベルが当初の設定と異なるこ
とが考えられます。また、「目標復旧時間」や「目標復旧レベル」の達成も、
計画どおりに進まない可能性があります。

　実際の災害時には、それらの状況を押さえた上で、さまざまな対策の実現可能性を検討して BCP を展開します。

（5）　事業継続の具体的対策を考える

①　BCP は代替戦略

　大きな地震が起こった場合でも、建物・設備、従業員そしてインフラや物流などすべての経営資源に被害がなければ、事業を継続することができます。しかし実際の大地震の際には、経営資源の多くが欠けることになり、事業継続に支障が発生します。

　そこで、大きな地震等の事象によって重要業務に不可欠な要素が不足、あるいはなくなった場合に、それらの要素をどのように代替するかを検討し、具体的対策に落とし込むことが BCP のポイントです。

②　具体的対策の例

　ここでは、重要業務に不可欠な基本的要素をあげ、それらを代替する具体的対策の例を考えます。

　1）建物・設備など

●建物の耐震化や設備等の転倒防止

●自社の他の拠点の活用

●在宅勤務やサテライトオフィスでの勤務

●他社との事前協定によるアウトソーシング　など

　もちろん、建物の耐震化は地震を想定した対策であり、火災であれば防火対策、水害であれば設備の設置階の見直しという対策が考えられます。

2）原材料・部品など

●適正在庫の見直し

●在庫場所の分散化

●代替調達先の確保や調達先の複数化

●調達先との連携（双方の事業継続能力の向上）　など

3）従業員など

●重要業務を遂行できる要員に対する代替要員の育成（クロストレーニングや新規雇用など）

●業務の標準化とマニュアル化

●応援者の受け入れ　など

4）情報・情報システムなど

●同時に被災しない場所でのバックアップ確保

●電源の確保

●回線の二重化

●緊急時のオペレーションから平常時に切り替えるための復旧計画 など

5）資金など

　企業が被災した場合、収入が減少する一方で、給与などの支払いは継続しなくてはなりません。また、被害を受けた建物や設備の復旧費用などの資金

も必要ですから、資金繰りが悪化することが懸念されます。

　そこで企業は、次のような制度や仕組みを調査・検討することで資金的な対応を進めましょう。

● 平常時から最低限の手元資金を確保

● 保険、災害時ローンの検討

● 親会社と資金面での事前打ち合わせ　など

---

③　代替戦略の課題

　ただし、代替戦略には課題となる点もあります。

　例えば、在庫を増やす場合は、その資金が必要になるとともに、保管スペースなどの管理費用が発生します。また、調達先を複数化した場合には、一括購入で得られるコストメリットが失われる可能性もあります。

　このように事業継続の具体的対策は、平常時において、費用や時間をかけなければいけない場合が多いことから、平常時と緊急時のバランス、そして費用対効果を検討しながら経営判断をする必要があります。

3　BCP の発動

BCP は、その名前のとおり計画にしかすぎません。実際に災害などが発生したときには、BCP を的確に運用して重要な事業を中断させない、または中断しても可能な限り短い時間で復旧させることが求められます。

そのためには、BCP をどの段階で発動させるかの明確な基準が必要になります。

(1)　地震・火災などの場合

地震や火災など起こることが事前に予測できない事象の場合は、事業の中断が発生し、設定された目標復旧時間内での復旧が難しいと判断した段階でBCP を発動させます。

もちろん発災後、BCP を発動させるまでの間に、自らと周囲の安全確保、二次災害の防止、被災状況の確認などの初動対応を行うことはいうまでもありません。

(2)　台風・豪雨などの場合

台風・豪雨の場合は、どのような進路を通るかなど気象情報が出されます。重要な業務を中断させないために次のような対応を事前に進めるとよいでしょう。

- ●建物への浸水が想定される場合は、土のうや止水板を準備する
- ●排水溝や側溝などの掃除を行い、水はけの状況を確認する
- ●窓ガラス部分は、風に備えて補強する
- ●床上浸水に備えて、パソコンなど電子機器類は高いところに移す

●台風・豪雨が近づいたら、建物の外で作業をしない

●重要業務に携わる従業員の宿泊を検討する

●ライフラインの途絶を想定し、備蓄を確認する　など

　台風・豪雨が通過した後の対応は、地震・火災の対応と同じです。事業の中断が発生し、設定された目標復旧時間内での復旧が難しいと判断した段階でBCPを発動させます。

4 訓 練

これまでに発生した大規模災害を振り返ってみると、BCP が策定されていた企業であっても、必ずしもこれらが十分に機能していたとはいえません。これは計画があっても、それを実際に運用できるかどうかの検証が不十分だったためと考えられます。

ここでは、策定した BCP の実効性を向上させるために行う訓練について考えます。

(1) 訓練とは

① 目 的

訓練の目的をまとめると次のようになります。

1) 防災計画や BCP の見直しを行う

実際に訓練を実施すると、手順どおりに進まないことや足りない資器材が出てくるなど、計画の不備や改善点が明らかになります。実施した訓練の結果を踏まえて計画を見直し、修正することが大切です。

あわせて、故障している機器類の修理や足りない備蓄品の購入など、防災・減災に必要な事項に対応します。

2) 従業員の BCP に対する理解を深め、実践能力を高める

BCP は策定して終わりではなく、それが実践されてこそ意味があります。すべての従業員が計画の内容を理解しているとともに、災害時には計画に従って動けることが極めて重要です。

訓練を繰り返すことによって計画の内容が身につき、また実際に身体を動かすことで、その実践能力を高めることができます。

②　訓練の準備

　訓練は、BCPが実際の災害時にも運用できるよう、その実効性を高めるために行うものですから、訓練参加者の対応がうまくいくような設定にするのではなく、むしろ計画そのものの課題や問題点が浮かび上がるように準備を進めることが大切です。

　訓練の準備にあたっては、次の点に留意するとよいでしょう。

1）訓練の範囲とする項目

　訓練の範囲は、訓練の規模や参加者に応じて特定の項目に絞る場合、また全体を通して確認を行う場合などさまざまです。

　特定の項目についての訓練としては、本部の立ち上げ、安否確認、そしてライフラインの被災状況確認などがあります。また全体を通して確認を行う場合でも、被災直後の初動場面、一定時間経過後の重要業務の復旧など、ある程度ポイントを絞ったほうがよいでしょう。

2）訓練を実施する日程

　訓練には、可能な限り多くの従業員が参加することが望ましい訳ですが、実際には日々の業務を続けながら実施することが考えられますから、平常時の業務への影響も考慮して日程を決めましょう。

　また災害は、従業員の数が少ない夜間や休日に発生することも想定されます。平日の日勤帯だけではなく、従業員の数が少なくなる時間帯を想定した訓練の実施も検討しましょう。

3）計画上の設定に対する柔軟な対応

　BCPはあくまで計画ですから、実際の災害時には想定されたとおりのことが起こるとは限りません。

　例えば、大会議室を対策本部として使う、そして食堂は救援物資の保管場所として使うと決めていても、被災状況によっては使えないことがあります。

　また、それぞれの従業員が初期消火班、避難誘導班などの役割を与えられていても、災害時には負傷するなどしてそれぞれの班に欠員が出ることも予想されます。

　訓練を進めるときには、計画上の設定とは異なるシナリオを訓練参加者に示し、臨機応変な判断や対応が必要であることを理解してもらうことが必要です。

4）近隣住民との連携

　訓練は、地元の消防署などを含め行政機関と協同して行うことが重要ですが、それに加えて、近隣住民との連携も必要です。

　特に夜間・休日など従業員が少ない時間帯に災害が発生した場合は、地元住民の協力が大きな役割を果たします。平常時から協力体制を確立して、企業と地域が一体となった訓練を行うことも検討しましょう。

5　まとめにかえて

　BCP の基本は代替戦略です。地震が発生した場合は、必ず人や物という資源がなくなる、あるいは足りなくなると考えて、その不足するところをどう補うか、つまり代替するかを決めて BCP に落とし込んでいきます。

　完璧な BCP を策定することを目指すあまり、BCP に着手できず立ち止まっている企業もみられます。例えば、建物の耐震チェック、あるいは水や食料の備蓄など、できるところから手をつけて、それらを少しずつ改善することで企業の事業継続能力を向上させるとよいでしょう。

コラム1 「訓練の進め方」

　BCPは策定して終わりではなく、実際の災害時に的確に運用できることが極めて重要です。訓練を繰り返すことによって計画の内容が身につき、またそのBCPの実効性が高まります。

　ここでは、訓練の具体的な進め方について例をあげて説明します。

⑴　本部立ち上げに関する訓練

① 主な訓練項目

　本部は災害時に時間が切迫する中で、限られた資源を配分し的確な指示を出すという重要な役割を担っています。被災後、速やかに本部を立ち上げ、一刻も早く必要な初動対応を行うことが重要です。

　本部立ち上げに関する主な訓練項目としては、次の事項があります（表1）。

表1　本部立ち上げに関する訓練項目

主な訓練項目	内容
1）本部の設置	●本部立ち上げを宣言し、決められた場所に本部要員を招集する
2）要員体制の確立	●従業員の被災状況に応じて被災後の役割分担を決め、本部体制を確定する
3）外部からの情報入手	●電気・ガス・水道などのインフラ、道路や鉄道の被災状況を確認する ●行政機関や取引先との連絡チャネルを確保する
4）現在の拠点での事業継続の可否決定	●建物の被災状況等の状況に応じて現在の拠点での事業継続の可否を決定する ●現在の拠点で事業継続ができない場合は、代替拠点での体制にシフトする
5）社内での情報共有及び指示	●立ち上げた本部体制について社内で共有する ●必要な緊急対応について指示する ●今後の事業継続体制について具体的指示を行う ●外部の被災情報などを社内で共有することによりパニックを防ぐ

② 訓練におけるポイント

1）本部の設置場所

　建物の被災状況によっては、予定していた場所に本部が設置できないことがありますから、柔軟に対応します。

2）通信手段やアクセス

　社内の通信連絡網、外部との通信手段が確保できない場合、また道路網が寸断されて外部からの支援受け入れが難しい場合も想定しましょう。

3）外部機関との連絡・情報共有

　行政機関や取引先など外部機関との連絡・情報共有に関する訓練を行うことになっている場合は、当該機関と連携して訓練を行う、あるいは訓練時に社内でその役割を担う人を置くなどするとよいでしょう。

(2)　**建物・ライフライン・設備等の安全確保に関する訓練**

① 主な訓練項目

　建物・ライフライン・設備等の状況によっては、ただちに事業を継続できない可能性もあります。また事業を継続できる場合でも、その水準を判断する必要がありますから、建物などの保全を担当する従業員で状況を速やかに確認します。

　建物・ライフライン・設備等の安全確保に関する主な訓練項目としては、表2のようなことが考えられます。

② 訓練におけるポイント

1）従業員のシフト

　建物・ライフライン・設備等の安全確保は発災後の初動として重要な手順ですが、実際の災害発生時には、建物などの保全を担当する従業員が負傷している、また夜間・休日で不在ということが考えられます。

表2　建物・ライフライン・設備等の安全確保に関する訓練

主な訓練項目	内容
1）発災直後の対応	●建物の点検と損壊度の把握（使用することが危険と判断される場合は、立ち入り禁止とする） ●火災の有無確認（初期消火を行う） ●二次災害発生の有無確認 ●火気・危険物使用停止の確認 ●ライフラインの破損状況の点検 ●エレベーターでの閉じ込めの有無確認 ●本部への報告
2）応急対応	●ライフライン事業者への連絡 ●ライフラインの代替手段の確保 ●行政機関への支援要請

　担当する従業員の数が足りない場合に備えて他の従業員に担当させる、また在宅の従業員を招集するという訓練も含めるとよいでしょう。

2）障害物撤去・非常口などの開放状況の確認

　社内を回って建物や設備の状況点検を行うときに、あわせて屋内階段や非常階段などの避難経路上に障害物が置かれていないかどうか確認します。余震等で避難するときに支障がないよう、障害物を見つけた場合は撤去します。

　また、非常口となる扉については、完全に開くことができるかどうかを確認します。

3）ライフライン等の代替手段の点検

　電気、ガス、水道、通信手段など、ライフラインの代替手段としてさまざまな準備をしていても、実際の災害時に使えないのでは意味がありません。訓練では、次の点を確認します。

●自家発電装置の稼働（備蓄燃料の確認を含む）

●衛星携帯電話の使用方法

●井戸水の使用を想定している場合は、その水質

●防災備蓄用品の数と使用期限

●携帯ラジオの電池　など

　災害時、ライフライン等の代替手段をすぐ使えることはもちろんのこと、多くの従業員が使えることが重要です。

　自家発電装置や衛星携帯電話など、日常業務で使わない設備・機器について、担当者が不在のために使用できないということが起こらないように、その使用方法を周知しておくことが求められます。

コラム 2 「感染症リスクへの対応
　　　　　～新型コロナウイルスを踏まえて～」

　本コラムを執筆している2020年 6 月 5 日時点では、依然として新型コロナウイルスの感染が世界的に急拡大しており、予断を許さない緊迫状態が続いています。全国の小・中・高等学校等の休校や大規模イベントの自粛など、国を挙げて感染拡大の防止に取り組んでいる中、企業では咳エチケットの徹底や消毒液の配置を行うなどの基本的な対策にとどまらず、「テレワークを導入・推進する」「自宅にいる子供をみるために出社が難しい従業員について特別な扱いを定める」など、踏み込んだ対応を行うケースも見られます。ここでは、今後の感染症対策も重要性を増す中、新型コロナウイルスでの企業の対応を踏まえ、最低限企業が検討しておくべき事項をご紹介します。

⑴　**感染症対策の全体像**
　感染症への対応にあたり、企業が有事に検討しておくべき事項は以下のとおりです。

●従業員の感染予防策	①基本的な感染予防策の周知徹底
	②感染予防に資する業務形態の導入
●感染者が出た場合の対応	①職場の消毒手順
	②濃厚接触者の特定
	③情報開示の手順
●多数の従業員が出社不可能となった場合の対応	①実施する業務の絞り込み
	②応援体制・代替拠点の検討

⑵ 従業員の感染予防策

①基本的な感染予防策の周知徹底

　新型コロナウイルスを含む感染症には、こまめな手洗いや咳エチケットなどが有効であり、感染予防策の徹底を促すようなポスターを職場に掲示するなどの取組みが進んでいる企業も多くあります。さらに実効性を高めるため、朝礼などで周知する、会社から毎週メール等で継続的に周知していくことも有効でしょう。

②感染予防に資する業務形態の導入

　一部の業務をテレワークに移行するなど、感染機会を減らす取組みをしている企業も多いです。一方で、テレワークが不可能な業務については、業務の性質にあわせて次のような業務形態を導入することで感染機会を減らすことができます。

業務形態	概要
スプリットオペレーション	職場のメンバーが同時多発的に感染することを防ぐため、職場メンバーを2つのグループに分け、別の場所（別室や別拠点等）で業務に従事させる。
交代勤務	職場のメンバーを複数のグループに分け、グループごとに勤務時間帯をずらして勤務させる。
着座位置の工夫	飛沫感染を避けるため、一人おきや対面を避けて着座させる。（会議室等も利用し着座位置の分散を図る）

⑶ 感染者が出た場合の対応

　万一、社内で感染者が発生した場合には、次のような対応を行う必要があります。

対応事項	概要
①職場の消毒	感染者発生時の職場の消毒は保健所の指示のもとで行うこととなるが、感染が拡大した場合には保健所によるこまめな対応が困難となる可能性があるため、職場の消毒手順や業者の手配について、あらかじめ定めておくことが必要。
②濃厚接触者の特定	感染者が発生した場合は、感染が拡大しないよう、迅速に濃厚接触者を特定して自宅待機指示を出す必要があり、その手順を明確にしておくことが重要。なお、濃厚接触者の判断基準として、職場の座席が感染者から半径2メートル以内の従業員、会議室等の閉鎖空間で一定時間以上居合わせた従業員などとしている事例があり、各々のケースに応じて判断していく。
③情報開示の手順	感染者が職場で発生した場合は、1日～2日以内にホームページ等で次のような情報を開示する事例が多く見られる。これを参考に開示する内容もあらかじめ検討しておく。 （開示する情報の一例） 　1．感染者の所属拠点 　2．感染者の症状 　3．感染者が行っていた業務の概要 　4．社内の濃厚接触者への指示内容 　5．所属拠点の消毒状況　　など

⑷　多数の従業員が出社不可能となった場合の対応

①実施する業務の絞り込み

　感染者が職場で発生した場合には、感染者のみでなく、濃厚接触者まで含めて一定期間にわたり出社不可能となります。この場合は、残された従業員だけですべての業務を行うことはマンパワーの面で難しいため、優先順位の高い業務に絞って行うことが必要となります。したがって、職場ごとに、多数の従業員が出社できない場合でも「継続すべき業務」をあらかじめ洗い出すとともに、業務実施方法・手順を共有してお

くことがよいでしょう。

②応援体制・代替拠点の検討

　多数の従業員が出社不可能となった職場向けに、本社や他職場からの応援体制を検討しておくことが望まれます。また、その後感染が拡大し、外部の消毒業者等がひっ迫した場合には建物・職場の消毒に時間がかかる可能性もありますので、その間は他拠点で重要な「継続すべき業務」を代替する必要性も想定し準備しておくことが必要です。

（MS＆AD インターリスク総研株式会社）

第5章

被災時の
人事労務・税務問題
Q&A

1　被災時の労働基準法

Q1　操業停止と休業手当

被災により一時的に休業を余儀なくされました。従業員に対する休業中の賃金支払いの義務はありますか。

A

休業の原因が直接の甚大な被害による操業停止などによる場合は、支払い義務を免れることがあるが、輸送経路等の問題や代替手段等がある場合には、賃金の6割に相当する休業手当の支給が必要となることがある。

(1)　ノーワーク・ノーペイの原則

　労働契約は、労働者が使用者に使用されて労働し、使用者がこれに対して賃金を支払うことについて、労働者及び使用者が合意をすることによって成立し（労働契約法6、民法623）、賃金は、通貨で支払わなければならないとされています（労働基準法24）。すなわち、労働と賃金とは対価関係にあり、賃金とは、「労働の対価」として支払われる金銭ということになります。また、賃金は、原則として、労働が終わった後でなければ請求することができないとされていることから（民法624①）、労働契約の内容に応じた労務の提供がされなければ、使用者は賃金を支払わなくてもよいことになります。これをノーワーク・ノーペイの原則といいます。私傷病による欠勤や寝坊による遅刻など、労働者の責めに帰すべき事由による場合は、労働契約の内容に応じた労務の提供がなされておらず、使用者は労働者に対し賃金を支払う必要がありません。

　では、労務の提供ができない責任が使用者にある場合や使用者と労働者のいずれにもない場合はどうでしょうか。

(2)　使用者の責めに帰すべき事由によって労務を提供できない場合

　民法536条2項において、例えば、使用者の過失によって工場が火災で焼失してしまい、労働が物理的に不可能となったような場合など、使用者の責めに帰すべき事由によって労務を提供できない場合は、使用者は労働者に対して賃金全額を支払わなければならないとされています。他方で、労働基準法26条では、使用者の責めに帰すべき事由による休業の場合においては、使用者は労働者に対して平均賃金の6割以上の休業手当を支払わなければならないとされており、両者の関係が問題となります。この点について、民法536条2項は過失責任主義に基づくものであるのに対し、労働基準法26条は労働者の最低限の生活を保障するために設けられた規定であることを理由に、労働基準法26条における「責めに帰すべき事由」とは、使用者の故意・過失のみではなく、広く使用者側に起因する経営、管理上の障害（使用者のみの事情ではないような場合）をも含んだ概念であると解されています（ノース・ウエスト航空事件　最二小判　昭62.7.17）。

　したがって、予見困難な機械の故障や、外部から調達する原材料の不足、監督官庁の勧告による操業停止など、使用者の故意・過失とは必ずしもいえないものの、使用者の領域において生じた事由によって労働ができないような場合には、労働基準法26条が適用されることとなりますので、使用者は労働者に対し、休業手当として賃金の6割に相当する金額を支払う必要があります。なお、労働者に労働契約に応じた労務を提供する意思や能力もなければ、ノーワーク・ノーペイの原則のとおり、使用者は労働者に休業手当も支払う必要はありません。

⑶　いずれの責めにも帰することができない場合について

　民法536条1項において、不可抗力のように、使用者と労働者のいずれの責任でもなく、労働者が労務を提供できなかった場合については、使用者は労働者からの賃金支払請求を拒むことができるとされており、賃金を支払う必要はありません。

　地震、津波、台風などの天災地変によって使用者が被災してしまい、労働者に労働してもらうことが状況的に不可能となったような場合などがこれにあたります。この場合、労働者には一切責任がありませんので、賃金が発生しないとなれば労働者にとって酷であるとも考えられますが、使用者に過失等の責任がある訳でもありません。そこで、使用者は労働者に賃金を支払う必要がないとしたのです。

　また、休業手当も、不可抗力による休業の場合には発生しませんが、不可抗力といえるためには、①その原因が事業の外部より発生した事故であること、②事業主が通常の経営者として最大の注意を尽くしてもなお避けることのできない事故であることの2つの要件を満たすものでなければならないと解されています。地震や台風など天災地変等による場合は①に該当するといえますが、②に該当するかは事案によることになります。例えば、天災地変によって事業場の施設・設備が直接甚大な被害を受けており、操業不可能となったような場合であれば、②にも該当し、休業手当を支払う必要はないといえますが、事業場の施設・設備が直接甚大な被害を受けておらず、輸送経路に生じた被害などを理由として休業した場合には、一概には判断できません。輸送経路の状況、他の代替手段の可能性、災害発生からの期間、使用者としての休業回避のための具体的努力などを総合的に勘案し、休業手当の支払いが必要か否かを判断することになります。新型コロナウイルスのまん延によってテレワークの導入が進む現在、テレワークも検討すべき重要な代替手段であることには注意が必要です。　　　　　　　　（今西　眞）

Q2 感染症と休業手当

新型コロナウイルス等の感染症を理由に従業員を休ませる場合、休業手当を支払う必要があるでしょうか。

A

従業員が感染症に罹患している場合は、休業手当の支給は不要であるが、労務提供の意思や能力を有する労働者を、感染症の「疑い」を理由に休業させる場合や休業要請を理由に休業させる場合などにおいては、事業主が通常の経営者として休業を回避するための最大の注意を尽くしてもなお避けることができないといえなければ、休業手当を支払うべきであろう。仮に、休業手当を支払う法的義務がないとしても、事業の継続、従業員のモチベーションを考慮し、一部だとしても可能な限り休業手当を支給すべきだといえる。

(1) 感染症のまん延による場合の特徴

感染症では、感染が「判明」した従業員の場合、感染の「疑い」がある従業員の場合、政府から休業要請がなされた場合などさまざまな状況が想定されます。また、政府の要請といっても、法的根拠のないものもあれば、新型インフルエンザ等特別措置法といった法令に基づくものもあります。そして、感染症は目に見えず、予防的な休業も必要でしょうし、地域によっても状況が異なるため、一概に判断することが難しいという特徴があります。

(2) 基本的な考え方

労働者に労務提供の意思や能力がない場合や法令等により就業が禁止され

る場合には、ノーワーク・ノーペイの原則により休業手当も支給する必要は
ありませんが、労働者に労務提供の意思や能力があることを前提に「使用者
の責めに帰すべき事由」によって休業させる場合は、使用者は、労働者に対
して、休業手当を支払わなければなりません（**Q 1 参照**）。

　厚生労働省「新型コロナウイルスに関するQ＆A（企業の方向け）」〔令和
2 年 5 月29日時点版〕をみると、「労働基準法第26条では、使用者の責に帰
すべき事由による休業の場合には、使用者は、休業期間中の休業手当（平均
賃金の100分の60以上）を支払わなければならないとされています。不可抗
力による休業の場合は、使用者に休業手当の支払義務はありませんが、不可
抗力による休業と言えるためには、

①　その原因が事業の外部より発生した事故であること
②　事業主が通常の経営者としての最大の注意を尽くしてもなお避けるこ
　　とができない事故であること

という要素をいずれも満たす必要があります」とされています。

　すなわち、「使用者の責めに帰すべき事由」にあたらないといえるためには、
事業主は、休業を回避するためにできる限りの努力をすべきということにな
ります。

⑶　感染が判明した従業員の場合

　感染症に感染した場合は、就業制限の対象になることが想定され、労働契
約に従った労務を提供させることはできませんので、ノーワーク・ノーペイ
の原則（**Q 1 参照**）により賃金を支払う必要はありませんし、①②の要素を
満たすとして、「使用者の責めに帰すべき事由」にも該当せず、休業手当を
支払う必要もないと解されます。なお、医療従事者の感染や、医療従事者以
外で感染リスクが相対的に高い業務中に感染した場合など、感染した状況に
よっては労災認定がされる可能性がありますので、労災認定申請を検討する
必要があります（参考：「新型コロナウイルス感染症の労災補償における取

扱いについて」令2.4.28基補発0428第1号）。また、労災に該当せず、業務外で感染した場合には、傷病手当金の申請を労働者に案内するとよいでしょう。

(4) 感染が疑われる従業員の場合

感染が判明した従業員と異なり、感染が疑われる症状がある従業員の場合は、労働者に労務の提供をする意思や能力があるか否かによって異なります。

厚生労働省が発表している「新型コロナウイルスに関するQ＆A（企業の方向け）」〔令和2年5月29日時点版〕によれば、感染しているかどうか分からない時点で、労働者が自主的に休む場合は、通常の病欠と同様に、休業手当の支給は必要ないとされています。他方で、例えば、発熱などの症状があることのみをもって一律に労働者を休ませる場合のように、使用者の自主的な判断で休業させる場合は、一般的には「使用者の責に帰すべき事由による休業」に当てはまり、休業手当を支払う必要があるとされています。

休業手当は、労働者に労務提供の意思や能力があることが前提ですから、自主的に休む場合は、労務提供の意思がないものとして、休業手当の支給は必要ないということになるでしょう。しかし、高熱など通常の労務に耐えられないような症状がある場合や、当該問題となっている感染症かどうかは別として、他の労働者へ感染しその健康を害する可能性がある場合は判断が難しいところでしょう。これについては判断が分かれるところであり、使用者は、労働者の生命、身体等の安全に配慮すべき義務を負っていることからすれば（労働契約法5条）、そもそも、労務を提供する能力を欠いているとして休業手当の支給は不要だと解することも可能でしょう。厚生労働省の見解もあるところですから、実際には、休業手当を支給し、政府の施策を最大限活用して填補することが現実的な対応になろうかと思います（参考：新型コロナウイルスにおける雇用調整助成金の特例）。

(5)　政府の休業要請による場合

　労働者に労務提供の意思や能力があるにもかかわらず、政府の休業要請によって休業を余儀なくされた場合はどうでしょうか。

　厚生労働省が発表している「新型コロナウイルスに関するQ＆A（企業の方向け」〔令和2年5月29日時点版〕によれば、新型インフルエンザ等対策特別措置法に基づく対応が取られる中で、営業を自粛するよう協力依頼や要請などを受けた場合は、「使用者の責めに帰すべき事由」か否かを判断するための要素①には該当するとされています。他方で、上記要素②に該当するには、使用者として休業を回避するための具体的努力を最大限尽くしているといえる必要があり、具体的な努力を尽くしたといえるためには、次のようなことが検討されたか否かの観点から判断されるとされています。

- 自宅勤務などの方法により労働者を業務に従事させることが可能な場合において、これを十分に検討しているか。
- 労働者に他に就かせることができる業務があるにもかかわらず休業させていないか。

　具体的には、配置転換やテレワークの実施など、休業を回避する努力がされたかどうかが重要になると考えられ、テレワークが可能な業務を担当する労働者を休業させる場合は、休業手当の支払いが必要となる可能性があります。

（今西　眞）

Q3 派遣労働者の休業手当・派遣料金

被災により休業しなければいけなくなったのですが、派遣労働者に対する休業手当は派遣先である当社が支払うことになるのでしょうか。また、派遣料金はどのようになるのでしょうか。できれば中途解約したいのですが、可能でしょうか。

A

派遣労働者に対する休業手当は、派遣元が支払わなければならず、派遣先は支払う必要がない。また、派遣料金については、労働者派遣契約の内容に従うことになる。中途解約条項に基づき、中途解約することは可能であるが、派遣先は、派遣先の責に帰すべき事由により解除する場合には、派遣労働者の新たな就業機会の確保や派遣元の休業手当等の支払いに要する費用の負担等の措置を講ずることが求められ（労働者派遣法29条の2）、そうでないとしても、関連会社での就業のあっせんをするなど派遣労働者の新たな就業機会の確保を図ることが求められる。

(1)　派遣労働者に対する休業手当の支払い義務

　労働基準法26条の休業手当は、使用者の義務であることから、派遣先ではなく、派遣労働者を雇用する派遣元が休業手当の支払い義務を負うことになります。そして、休業手当の支払い義務の有無は、派遣元に「使用者の責に帰すべき事由」が認められるか否かで判断されることになります。「使用者の責に帰すべき事由」については、Q1やQ2と同様の基準で判断されます。

　なお、厚生労働省が公表する「東日本大震災に伴う労働基準法等に関するQ&A（第3版）」においても、「派遣中の労働者の休業手当について、労働基準法第26条の「使用者の責に帰すべき事由」に当たるかどうかの判断は、

派遣元の使用者についてなされます。派遣先の事業場が、天災地変等の不可抗力によって操業できないため、派遣されている労働者を当該派遣先の事業場で就業させることができない場合であっても、それが「使用者の責に帰すべき事由」に該当しないとは必ずしもいえず、派遣元の使用者について、当該労働者を他の事業場に派遣する可能性等を含めて、「使用者の責に帰すべき事由」に該当するかどうかが判断されます」とされています。

(2) 派遣料金の取り扱い

　派遣先が休業を余儀なくされたものの、労働者派遣契約を解除せずに、労働者派遣を一時停止する場合があります。この場合、派遣先が派遣料金を支払うべきかが問題となります。

　この点、派遣先と派遣元との契約関係の問題であるため、労働契約に関する労働基準法26条（休業手当）の範疇ではなく、当事者間の契約関係の問題として、労働者派遣契約の内容に従い処理することになります。労働者派遣契約では、「派遣先の責に帰すべき事由によって派遣業務を行えない場合には、派遣元は派遣先に派遣料金を請求することができる」といった定めがされていることが多く、このような規定がある場合には「派遣先の責に帰すべき事由」かどうかで派遣料金の支払い義務があるか判断することになります。通常、「派遣先の責に帰すべき事由」とは、派遣先に故意または過失があるような場合と解されることから、災害等により、直接の被害が生じたため操業できないような場合はもとより、政府の休業要請による場合など、派遣先によって制御することが叶わない事情であれば、派遣料金の支払いを免れることになります。

　なお、あくまでも、個別具体的な派遣契約の規定に従った解決を目指す必要がありますので、異なる定めがある場合には、それに基づいて当事者間で協議するべきです。

(3)　労働者派遣契約の解除

　労働者派遣契約は、合意による解除のほか、労働者派遣契約の中途解除条項に基づき解除することも可能です。労働者派遣法27条において、派遣先は、派遣労働者の国籍、信条、性別、社会的身分、派遣労働者が労働組合の正当な行為をしたこと等を理由として、労働者派遣契約を解除してはならないとされており、一定の制限があるものの、災害を理由に労働者派遣契約を解除するのであれば、この制限には当たらず、派遣先は、中途解約条項に基づき労働者派遣契約を解除することが可能です。

　もっとも、労働者派遣法29条の2や派遣先指針（派遣先が講ずべき措置に関する指針〔平11.11.17告示第138号、最終改正：平30.12.28告示第428号〕）によって、派遣先は、派遣先の責に帰すべき事由により労働者派遣契約を中途解除する場合には、派遣労働者の新たな就業機会の確保を図ることや、休業手当等の支払いに要する費用の負担等の措置を講じることが求められます。また、派遣先の責に帰すべき事由によらない場合であっても、少なくとも新たな就業機会の確保を図ることが求められます。　　　　　　　　（今西　眞）

コラム1 「感染症まん延時のハラスメント」

1 感染症まん延時の恐怖や不安

　日本は、台風、大雨、大雪、火山噴火、津波、地震といった自然災害をこれまで多く経験してきましたが、東日本大震災と新型コロナウイルス感染症については過去の自然災害とは大きく違うところがあります。それは、放射能、未知のウイルスという目に見えないものが介在しているところです。感染症が広がり、いつ誰が感染してもおかしくないという状況下においては、社会全体が高ストレスな状態となっており、ハラスメントが発生しやすい状況下にあるといえますので、普段にも増して、ハラスメントには注意する必要があります。

2 感染症の恐怖や不安が生み出すハラスメント

　例えば、感染症の代表的な症状が「咳」であるとすると、近くで咳をしている人がいれば、「もしかして？」と思ってしまうことは仕方がないでしょう。外であれば、離れれば済むのかもしれませんが、職場ではそうはいきません。思わず、「咳をするなら外でしろ！」、「離れてくれ！」、「今日は帰れ！」などと声を荒げてしまう人がいるかもしれません。これは、パワーハラスメント（以下、「パワハラ」といいます）の6類型で考えると、「精神的な攻撃」に該当する可能性があります。まさかと思われるかもしれませんが、新型コロナウイルスが市中に広まるなかで、電車の車内にマスクをしていない人がいただけで、乗客の1人が、緊急停止ボタンを押して電車を緊急停止させたという事案も実際に起こっています。

　また、社内で感染者が発生した場合には、感染者を特定できるような情報をどこまで公表すべきなのかも悩ましいところです。病歴の公表は、パワハラの6類型のうち、「個の侵害」に該当しうると考えられ、不用意に感染者を特定できる情報を公表してしまうことは避けなければ

なりません。病歴などは、個人情報保護法における「要配慮個人情報」とされており、一定の場合を除き、本人の同意なく、取得及び第三者へ提供することは許されていませんので、不用意な公表は個人情報保護法に抵触する可能性もあります（個人情報保護法17条及び23条）。なお、パワハラの6類型にいう「個の侵害」とは、職場外で継続的に監視することや、性的指向、性自認や病歴、不妊治療等の機微な個人情報について、本人の了解を得ずに他の労働者に暴露することなどが該当するとされています。

　どこまでの情報を公表すべきかについては、感染力の強さなど感染症の特徴によって異なるため、一概には言えませんが、原則として、感染者を特定できる情報は公表しないと考えておくことが望ましいでしょう。他方で、使用者には労働者の生命身体等の安全を確保する義務（安全配慮義務。労働契約法5条）があり、感染拡大を止める措置を講じることも求められます。感染が広がらないよう、感染者と接触した可能性がある部署など必要最低限の範囲で氏名などを伝えざるを得ないですし、この場合には生命、身体の保護のために必要といえるため、本人の同意を得ることが困難な状況であれば、違法とはならない余地もあります（個人情報保護法23条1項2号）。ただ、線引きが難しいため、感染者を特定できる情報を公表するとしても、できる限り感染者へ説明のうえ理解を得るように心がけてください。

3　ハラスメント防止措置

　感染症まん延に伴うハラスメントを防止する方法としては、企業のパワハラ防止措置義務を詳細に定めた、いわゆるパワハラ防止指針が参考になります（事業主が職場における優越的な関係を背景とした言動に起因する問題に関して雇用管理上講ずべき措置等についての指針〔令2.1.15告示第5号〕）。

　パワハラ防止指針では、企業に、4つの措置義務を求めており、その

内容を簡単に説明すると、①パワハラを行ってはならないこと等の周知・啓発をすること、②事前措置としての適切な相談体制の整備、③事後措置として迅速かつ適切な対応をすること、④プライバシーを保護すること・不利益取扱いを禁止することです。

　令和2年6月1日からは、この指針に従ったパワハラ防止措置を講じることが法的義務となっており、対応されている企業も多いと思います。感染症に限らず病歴に関する言動が、パワハラに該当しかねないという認識を持たれている方は少ないと思われますので、感染症に限らず病歴に関する言動もパワハラに該当しうるということを、社内に周知しておくべきでしょう。また、ハラスメント被害者が1人で悩むことになれば、精神疾患に罹患しかねませんので、ハラスメント防止措置の一環として相談窓口を設置し、相談できるように準備しておく必要があります。相談窓口設置にあたり、相談担当者が適切に対応できるよう、相談担当者へ、適宜、感染症の知識を伝えておくことが望まれます。そして、パワハラの有無に関わらず、被害者のケアや行為者の処分などの対応を進めることになります。

　なお、パワハラに限らず、ハラスメントに対する使用者の対応は、労災認定において評価事項になりますので、放置することなく適切に対応するように注意してください（心理的負荷による精神障害の認定基準について〔平23.12.26基発1226第1号、最終改正：令2.5.29基発0529第1号〕）。

（今西　眞）

Q4　有給休暇の取得

被災したことにより、従業員を休業させる場合、強制的に年次有給休暇を取得させることは可能でしょうか。

A

労働者（従業員）の希望に応じて年次有給休暇とすることは構わないが、計画年休や5日間の強制取得に関する使用者の時季指定の場合を除き、強制的に年次有給休暇とすることはできない。

(1)　年次有給休暇とは

　休暇とは、労働義務を免除された日のことで、年次有給休暇とは、労働基準法39条に定められた法定の休暇のことを指します。労働者が、6箇月間継続勤務し、全労働日の8割以上出勤するという客観的な要件を満たすことで、法律上当然に所定の日数の年次有給休暇を取得する権利が発生し（労働基準法39①）、労働者が、時季を指定して、年次有給休暇の取得を請求すると、使用者は、原則として労働者の指定する時季に年次有給休暇を与えなければなりません（労働基準法39⑤）。労働者のこの権利を時季指定権といいます。

　使用者は、「労働者から請求された時季に有給休暇を与えることが事業の正常な運営を妨げる場合」に限り、他の時季に有給休暇を与えることができます（労働基準法39⑤ただし書き）。使用者のこの権利を時季変更権といいます。

　なお、使用者が、法定休暇以外に、休暇を付与することは問題ありません。例えば、慶弔休暇や夏季・冬季休暇等の特別休暇、傷病休暇、年次有給休暇の法定付与日数を超えて付与する場合などです。災害時には、法定外の有給休暇を与えやすいよう、政府による支援策が講じられることも少なくありま

せん。使用者としては、事業継続を見据え、雇用を確保することも重要ですから、これら支援を活用することを検討すべきでしょう（参考：新型コロナウイルス感染症による小学校休業等対応助成金など）。

(2)　使用者の時季変更権

・・・

　使用者は、「労働者から請求された時季に有給休暇を与えることが事業の正常な運営を妨げる場合」においては、他の時季に有給休暇を与えることができます。もっとも、「労働者から請求された時季に有給休暇を与えることが事業の正常な運営を妨げる場合」に該当するか否かは、当該労働者の所属する事業場を基準として事業の規模、内容、当該労働者の担当する作業の内容、性質、作業の繁閑、代行者の配置の難易、労働慣行など諸般の事情を考慮して判断されており、単に業務が忙しい場合や人員不足を理由として時季を変更することは認められていません。

　なお、時季変更権が認められない場合、仮に使用者が時季変更権を行使したとしても、従業員の時季指定権の効果は失われず、労働者の年次有給休暇は有効に成立し、使用者は賃金を支払わなければなりません。

(3)　計画年休制度

・・・

　使用者は、事業場の労働者の過半数で組織する労働組合や労働者の過半数を代表する者との労使協定を締結することによって、年休のうち5日を超える部分について、協定の定めに従って年次有給休暇を取得させることができます（労働基準法39⑥）。

(4)　年次有給休暇の時季指定義務

・・・

　年次有給休暇の付与日数が10日以上の労働者に対しては、使用者は、年次

有給休暇の日数のうち、年5日間について時季を定めることによる与えなければならないとされており、使用者はこの範囲で年次有給休暇の取得時季を指定することができます（労働基準法39⑦）。

(5)　年次有給休暇を強制的に取得させることの可否

　　上記のとおり、使用者が年次有給休暇の時季を指定することができるのは、計画年休や5日間の強制取得に関する使用者の時季指定の場合などに限られており、原則として、使用者は労働者に対して強制的に年次有給休暇を取得させることはできません。災害等の対応で人員が不足する状況などにおいて、労働者が年次有給休暇を申請してきた場合には、使用者の時季変更権が認められる可能性はありますが、これは、労働者の意思に反して強制的に年次有給休暇を取得させることまで認めるものではありません。

(6)　災害等による休業期間中に年次有給休暇扱いとすることの可否

　　では、労働者が、使用者が災害等により休業と判断している状況で、労働者が年次有給休暇の取得を請求してきた場合はどのように扱うべきでしょうか。労働者の請求する時季に年次有給休暇を付与するのですから、何ら問題ないようにも思えます。ただ、年次有給休暇は、休暇であって、労働義務がある日に労働義務を免除するものでなければならないことからすると、災害等により休業中の場合は、そもそも労働義務が存在しない（すでに免除されている）のではないかという理論上の問題があります。この点、法令上、合意により年次有給休暇とすることに特段制限があるわけではないですし、技巧的ではありますが、労使が合意することで、当該労働者の休業を解除（労働義務の免除を撤回）し、労働日としたうえで労働義務を免除したものとして、休業期間中であっても年次有給休暇とすることは可能でしょう。

（今西　眞）

Q5　緊急災害時の勤務形態

被災により企業が大きな被害を受けたとき、復旧作業のために従業員を緊急に呼び出したり、休日に勤務させたりすることについては、労働基準法ではどのように定められていますか。

A

労働基準法では、36協定の範囲内で時間外労働や休日労働を命じることが許されているが、災害時には36協定の範囲を超えて命じることや36協定がない場合であっても許容される場合がある。ただし、労働者にとって過酷となる場合は、時間外労働や休日労働命令が無効とされることもある。

(1)　時間外労働・休日労働を命じる根拠

そもそも、使用者が、労働者に対して、労働を命じることができるのは、労働者が労働契約上の義務を負っているからです。通常、労働契約において、労働者が労働すべき時間（所定労働時間）や休日が定められるとともに、時間外労働・休日労働義務が定められています。使用者は、これを根拠に時間外労働・休日労働を命じているわけです。

(2)　時間外労働・休日労働の制限

時間外労働・休日労働を命じる労働契約上の根拠があったとしても、使用者は無制限に命じることができるわけではありません。労働基準法は、労使協定で定めた場合や緊急時など一定の場合を除いて、1日8時間、1週間40時間（労働基準法32。以下「法定労働時間」といいます）を超えて労働させ

ることや、毎週１回の休日若しくは４週間を通じて４回の休日（労働基準法
35。以下「法定休日」といいます）に労働させることを禁止しています。

　なお、変形労働時間制やフレックスタイム制といった労働時間の枠を超え
て働くことを認める制度、裁量労働時間制などといった労働時間の枠の制限
を排除する制度もありますが、ここでは割愛します。

⑶　労使協定（いわゆる36協定）による場合

　使用者は、事業場に労働者の過半数で組織する労働組合がある場合にはそ
の労働組合と、それがない場合には事業場の過半数を代表する者との間で書
面によって協定（いわゆる36協定）を締結し、これを行政官庁に届け出た場
合には、36協定の定めに従って、労働者に対し、法定労働時間外労働・休日
労働をさせることができます（労働基準法36①）。なお、36協定は、労働契
約に基づいて、法定時間外労働・休日労働をさせることを合法とするもので
しかなく（免罰的効力）、別途、時間外労働・休日労働義務を就業規則に定
めるなど、労働契約上の根拠が必要です。

⑷　災害時等による臨時の必要がある場合

　36協定のほか、使用者は、災害その他避けることができない事由によって、
臨時の必要がある場合には、行政官庁の許可を受けることにより、労働者に
対して法定時間外労働・休日労働をさせることができます（労働基準法33条
①）。また、事態急迫のために行政官庁の許可を受ける暇がない場合には、
事後に遅滞なく届け出ることも認められています（労働基準法33①）。なお、
36協定の場合と同じく、時間外労働・休日労働義務を就業規則に定めるなど、
労働契約上の根拠がなければ命じることはできません。

(5) 時間外労働・休日労働命令の有効性について

　以上のとおり、就業規則等において時間外労働・休日労働義務が定められるなど、労働契約上の根拠があり、かつ、①労使間で36協定が締結されている場合、または②災害その他避けることができない事由によって、臨時の必要がある場合であれば、使用者は、業務命令として、時間外に労働者を呼び出すことや休日に労働者を呼び出すことが可能となります。

　もっとも、業務命令権があったとしても、無制限ではなく、業務命令の目的が嫌がらせ・見せしめなど不当なものである場合や、業務命令が労働者に肉体・精神に不当な苦痛を与えるなど人格権侵害を伴う態様の場合、あるいは労働者に対して通常甘受すべき程度を著しく超える不利益を負わせるようなものであるような場合など、権利の濫用として違法無効となることがあります（労働契約法3⑤）。

　被災時の呼び出しの場合、当然ながら労働者も被災している訳ですから、労働者自身が使用者からの呼び出しに応じて労働に従事できるような肉体的・精神的な状況にない場合も少なくないでしょう。労働者の状況を考慮することなく時間外労働・休日労働を命じた場合には、違法無効な業務命令だと判断がされてしまう可能性がありますので、使用者が被災してしまい、復旧作業のために労働者を呼び出すことが必要であったとしても、各労働者の被災状況等が正確に把握できていない状況においては業務命令としてではなく、任意での出勤を促す程度にとどめておくべきであると考えます。

　なお、最後に被災時であろうとも、労働者を呼び出して時間外労働・休日労働をさせた場合には労働基準法所定の割増賃金を支払わなければなりませんので、この点にはご注意ください。　　　　　　　　　　　（今西　眞）

Q6　事業継続不能時の即時解雇

被災により今後長期間、事業を復旧できないことがわかりました。そこで、解雇予告や30日分の平均賃金を支払わずに従業員を即時解雇したいのですが、どのような問題があるのでしょうか。

A

天災地変により事業の継続が不可能となった場合には、解雇予告除外認定を受けることで、解雇予告及び解雇予告手当の支給が不要となる場合がある。ただし、事業の継続が不可能となったか否かについては、厳格な行政解釈も存在するため注意が必要となる。

(1)　解雇権濫用の法理と解雇予告制度について

労働者は労働をして賃金を得ることによって生活をしていますので、使用者から解雇されてしまった場合、その生活に与える影響は計り知れません。

そのため、使用者が労働者を解雇する場合、客観的に合理的な理由があり、社会通念上相当であると認められるものでなければ、権利の濫用として無効となります（労働契約法16）。加えて、解雇が許される場合であったとしても、原則として、使用者は、少なくとも30日前に解雇の予告をしなければならないものとされており、30日前に予告をしない場合には、30日分以上の平均賃金（解雇予告手当）を支払わなければならないものとされています（労働基準法20①）。このように、法は、失職するまでに30日間の猶予を与えるか、あるいは解雇予告手当の支払いを必要とする制度（解雇予告制度）により、労働者の生活に与える影響を少しでも緩和させているのです。

(2)　解雇予告制度の例外について

•••

　　　次の労働者は、継続して雇用されることが未確定であることから、保護の必要性が低いと考えられており、解雇予告制度の対象とされていません。

　　◇日々雇い入れられる者（1ヵ月を超えて引き続き使用されるに至った場合は除く）

　　◇2ヵ月以内の期間を定めて使用される者（所定の期間を超えて引き続き使用されるに至った場合は除く）

　　◇季節的業務に4ヵ月以内の期間を定めて使用される者（所定の期間を超えて引き続き使用されるに至った場合は除く）

　　◇試用期間中の者（14日を超えて使用されるに至った場合は除く）

　このように労働基準法は、生活保障という趣旨にそぐわない労働者を類型的に解雇予告制度から除いているのですが、それ以外にも①天災事変その他やむを得ない事由のために事業の継続が不可能となった場合、または、②労働者の責めに帰すべき事由に基いて解雇する場合についても解雇予告制度の対象外とし、労働者に対して解雇予告手当を支払うことなく即時解雇することを認めています（労働基準法20①）。

　もっとも、この例外を使用者が恣意的に運用した場合、解雇予告制度が形骸化してしまう危険性がありますので、即時解雇をする場合には行政官庁の認定（解雇予告除外認定）を受けなければならないものとされています（労働基準法20③・19②）。

　なお、解雇予告除外認定は、即時解雇をする前に得ることが原則となりますが、即時解雇をしてから事後的に解雇予告除外認定を得た場合であっても解雇の効力は即時解雇をした際に生じるものと解されています（昭63.3.14基発150号）。

(3) 事業の継続が不可能となった場合について

では、天災その他やむを得ない事由のために「事業の継続が不可能となった場合」とは、一体どのような場合を指しているのでしょうか。

この点については、事業の全部または大部分の継続が不可能になった場合を指すとしながらも、例えば、(1)当該事業場の中心となる重要な建物、設備、機械等が焼失を免れ多少の労働者を解雇すれば従来どおり操業し得る場合、(2)従来の事業は廃止するが多少の労働者を解雇すればそのまま別個の事業に転換し得る場合の如く事業がなおその主たる部分を保持して継続し得る場合、または、(3)一時的に操業中止のやむなきに至ったが、事業の現況、資材、資金の見通し等から全労働者を解雇する必要に迫られず、近く再開復旧の見込みが明らかであるような場合は含まれないとの行政解釈があります（昭63.3.14基発150号）。

したがって、上記の行政解釈に従えば、使用者が被災してしまった場合であっても、多少の労働者を解雇することによって操業の再開が可能であったり、すぐに操業の再開はできないとしても近い将来に再開できる見込みがあったりするのであれば、30日前に予告した上で解雇するか、あるいは解雇予告手当を支払った上で即時解雇をしなければならないと考えられます。

本件では、被災によって使用者が長期間にわたって事業を復旧することができないということですので、その範囲がすべての事業に及んでいるような場合は、解雇予告除外認定を受けることができる可能性がありますので、解雇予告手当を支払うことなく労働者を即時解雇できる場合があると考えられます。

（今西　眞）

Q7　給与の前借り

被災に際し、従業員の一部から生活資金のため給与の前借りの申し
出がありましたが、これにはどのように対処すべきでしょうか。

A

労働者への貸付金については、労働基準法による相殺禁止の規制があり、
単純に給与から天引きして処理できる訳ではないため、回収できなくな
るおそれも踏まえて慎重に検討することが必要。

(1) 前借金契約と相殺の絶対禁止（労働基準法17条）

　労働者（またはその親）が使用者から多額の金銭を借り受け、その後の労
働によって借金を返すという契約（前借金契約）は、借金で労働者を拘束す
るものであって、労働者の生活を不安定にすることから、労働基準法17条は、
「使用者は、前借金その他労働することを条件とする前貸の債権と賃金を相
殺してはならない」と定め、金銭貸借関係による人身拘束を防止しています。
なお、給与の前借りは庶民金融として世の中に浸透していたことから、前借
金契約自体を禁止しているものではありませんが、人身拘束を防止するとい
う趣旨から、「前借金その他労働することを条件とする前貸の債権」と「賃金」
との相殺は例外なく禁止されています。

　では、相殺が禁止される「前借金その他労働することを条件とする前貸の
債権」とはいかなるものでしょうか。

　この点、通説および解釈例規は、立法趣旨を踏まえ、「労働者が使用者か
ら人的信用に基づいて受ける金融、弁済期の繰上げ等で明らかに身分的拘束
を伴わないもの」は除外し（昭22.9.13発基17号、昭33.2.13基発90号）、「生
活必需品の購入等のために生活資金を貸付け、その後この貸付金を賃金より

分割控除する場合においても、その貸付の原因、期間、金額、金利の有無等を総合的に判断して労働することが条件となっていないことが極めて明白な場合には、本条の規定は適用されない」（昭23.10.15基発1510号、昭23.10.23基収3633号、昭63.3.14基発150号）としています。

　以上のことから、本条によって相殺が禁止されるか否かは、諸般の事情を総合的に判断し、労働者が労働せざるを得ないような条件の貸付金であるか否かによって判断することになります。

(2)　賃金全額払いの原則と相殺の原則禁止

　しかしながら、「前借金その他労働することを条件とする前貸の債権」に該当しないというだけでは、賃金と自由に相殺できるわけではありません。

　労働基準法24条1項は、「賃金は、通貨で、直接労働者に、その全額を支払わなければならない」と定めており、純粋な金銭貸借関係に基づく貸付金であったとしても、原則として相殺は許されません（賃金全額払いの原則）。ただし、法令に別段の定めがある場合や労使協定を締結している場合、合意による場合は相殺が可能であり、例外が認められる点において、労働基準法17条による相殺禁止とは異なります。なお、合意による相殺が許されるのは、合意が、労働者の完全な自由意思によるものであり、かつ、そう認めるに足りる合理的な理由が客観的に存在していることが必要です（日新製鋼事件　最二小判　平2.11.26）。

(3)　本件における対処について

　まず、労働者に対して「給与の前払い」をした場合、貸し付ける金銭の性質が"将来の給与"である以上、「前借金その他労働することを条件とする前貸の債権」に該当する可能性があり、特に退職による返済期限の前倒しの条件を付したり、高金利としたりした場合には該当する可能性も高まります

ので、相殺による返済をさせるべきではありません。

　次に、退職による返済期限の前倒しなどの条件を付したり、高金利としたりすることなく、被災した労働者の人的信用に基づいて純粋に"生活資金"として使用者が金銭を貸し付けた場合ですが、この場合は、特段の事情がない限り、「前借金その他労働することを条件とする前貸の債権」には該当しません。したがって、労働者との間で合意相殺に関する書面を取り交わすなどの方法により、賃金全額払いの原則に違反することなく、その後の賃金と相殺することで返済してもらうことができます。

　以上のとおり、使用者が労働者に対して金銭を貸し付けること自体に問題がある訳ではないものの、貸付金の返済方法については、単純に給与から天引きすれば済むというものではなく、労働基準法上の制約がありますので注意しなければなりません。

(4)　非常時払いの義務

　前記のような将来の労働に対する給与の前払い（前借金）ではなく、既に行った労働に対する賃金の支払いについては扱いが異なります。使用者は、労働者が出産、疾病、災害その他厚生労働省で定める非常の場合の費用に充てるために請求する場合は、既に行った労働に対する賃金は前倒しで支払うことが義務付けられており（労働基準法25）、「疾病」は業務上か否かにかかわりませんし、「災害」には天災、地変、事変による一切の自然災害や人的災害を広く含むと解されていますので、地震や台風、感染症のまん延といった非常事態において、非常の場合の費用に充てるために労働者から既に行った労働に対する賃金の請求を受ければ、使用者は、これを支払う必要があります。例えば、労働者や家族の被災や避難区域に指定されるなどによって転居を余儀なくされる場合の費用などがこれに該当するでしょう。（今西　眞）

Q8　被災地への転勤拒否

被災した事業場の復興のため、人事異動で人員を拡充したかったのですが、転勤を拒否した従業員がいました。重い懲戒処分を行いたいと思うのですが、可能でしょうか。

A

転勤を行う業務上の必要性と従業員が受ける不利益の程度をしっかりと比較衡量することが重要。

(1)　転勤命令について

　転勤とは、労働者の配置の変更で、勤務地の変更を伴うものをいいます。

　労働契約関係においては、使用者に、人事権の一内容として労働者の職務内容や勤務地を決定する権限があり、ここから、使用者にはその裁量に基づく転勤命令権があると解されています。

(2)　転勤命令が権利濫用となるか

　上記のとおり使用者に転勤命令権があるとしても、これが常に有効になるとは限りません。「転勤、特に転居を伴う転勤は、一般に、労働者の生活関係に少なからぬ影響を与えずにおかないから、使用者の転勤命令権は無制約に行使することができるものではなく、これを濫用することの許されないことはいうまでもない」（東亜ペイント事件　最二小判　昭61.7.14）とする判例もあり、転勤命令は権利の濫用として違法で無効と判断されることがあります。

　転勤命令が権利濫用にあたるか否かは、以下のような事情を考慮して決せ

られます。

- 転勤命令をする業務上の必要性
- 転勤命令の目的（不当な動機・目的をもってなされたものでないか）
- 転勤命令が労働者にあたえる不利益の程度（通常甘受すべき程度を著しく超えるか）
- 転勤命令の対象者が適切か

　例えば、労働者の内部通報等の行為に反感を抱いて行った転勤命令について、不当な目的をもってなされたものとして、権利の濫用にあたるとした裁判例（オリンパス事件　東京高判　平23.8.31）や、要介護者である母と同居している労働者に対する転居を伴う転勤命令について、労働者に与える不利益が通常甘受すべき程度を著しく超え、権利濫用にあたるとした裁判例（ネスレ日本事件　大阪高判　平18.4.14）があります。

(3)　転勤命令拒否を理由とする懲戒処分

　では、転勤命令の拒否を理由として懲戒処分をすることが認められるでしょうか。

　まず、前述のように転勤命令が権利濫用として無効になる場合、労働者はこれを拒否することが認められますので、転勤命令の拒否を理由とする懲戒処分は無効になると考えられます。

　また、転勤命令が有効な場合でも、懲戒処分に至る経緯によっては、転勤命令拒否を理由とする懲戒処分が違法となる可能性もあります。

　例えば、使用者が、転勤を命じた事情、通勤所要時間、方法等について十分な説明をせずに転勤命令をしたことについて、「配転に伴う利害得失を考慮して合理的な決断をするのに必要な情報を提供しておらず、必要な手順を尽くしていない」とした上で、このような手順でなされた配転命令に従わなかったことを理由とする懲戒解雇は「労働者が配転により受ける影響等に対する配慮を著しく欠くもの」として無効とした裁判例（メレスグリオ事件

東京高判　平12.11.29）があります。また、使用者が配転に関する団体交渉
を拒否した上で懲戒解雇をしたことについて、「手続の適正を欠き、解雇権
を濫用するものとして無効である」（三和事件　東京地判　平12.2.18）とし
た事例があり、たとえ配転命令が適法であっても、懲戒処分が無効とされる
可能性もあります。

⑷　被災した事業場復興のための転勤命令である場合

　以上のように、転勤命令を拒否する従業員に対する懲戒処分が有効か否か
は、個別の事案に応じて具体的に判断されるため、実際に転勤命令及び懲戒
処分をする場合には、以下のような点に留意すべきです。

　まず、有効に転勤命令をするために、業務上の必要性があるか否かを検討
すべきでしょう。被災した事業場復興のための転勤であれば、「業務上の必
要性」が認められる可能性は高いと考えられますが、例えば、当該事業場の
営業を再開する見込みがないにも関わらず、やみくもに復興に向かわせる場
合や期間の限定がないなど復興という目的と合致しない内容である場合等に
は「業務上の必要性」が認められない可能性があるため、注意が必要です。

　また、転勤命令の対象となる者については、転勤により著しい不利益が生
じる労働者を対象から排除することも重要です。労働者のプライベートの事
情については使用者が把握していないこともあるため、労働者に対し、転勤
により生じる不利益を述べる機会を与えることが望ましいです。

　転勤命令をする労働者が決定した場合は、転勤により生じる利益、不利益
について、使用者から説明をすることが求められます。そして、労働者が転
勤を拒否した場合は、当該労働者の意見を聴取した上で、使用者が転勤によ
る不利益を容易に低減させることができる場合は、そのような措置をとるこ
とも求められます。

　さらに、転勤命令に関する規定が、就業規則に定められている場合には、
当然、当該規則に従って手続きを行うことが必要になります。（家永　勲）

Q9　内定の取り消しや入社日の延期

被災により業績が急激に落ち込んだため、内定者について、採用内定を取り消すか、自宅待機を命じたいと思います。その場合、内定取消しの効力や、自宅待機を命じる場合には賃金をいくら支払えばよいのでしょうか。

A

採用内定によって労働契約が成立していると評価された場合、内定取り消しの有効性については厳格な判断がなされるため慎重な対応が必要です。また、入社日後の自宅待機を命じた場合、少なくとも休業手当を支払うことが必要となります。

(1)　採用内定の法的性質について

　日本では、就職希望者の採用を決定した場合、まずは採用内定を通知して内定者とした上で、あらかじめ設定していた雇用開始日が到来したら勤務を開始させるという慣習があります。しかし、採用内定がなされた場合における会社と内定者との関係は不明確であることから、採用内定の法的性質を整理しておく必要があります。

　この点、学説上、採用内定は労働契約の締結過程にすぎないとの見解や、採用内定は労働契約締結の予約であるとの見解などがありましたが、最高裁は、会社による一方的な内定取り消しの有効性が問題となった事案において、採用内定の実態は多様であるため具体的な事実関係に即してその法的性質を判断しなければならないと述べた上で、当該事案においては、採用内定によって始期付・解約権留保付の労働契約が成立したと判断し、留保解約権の行使（内定取り消し）は客観的に合理的で社会通念上相当として是認することが

できる場合に限って認められるとしました（大日本印刷事件　最二小判　昭54.7.20）。すなわち、採用内定によって労働契約が成立しているため、会社からの一方的な内定取り消しは解雇に相当し、解雇権濫用法理（現在の労働契約法16条に定められている客観的合理性と社会的相当性が認められない解雇は権利の濫用として無効になるとの法理）が適用されると判断したのです。

　なお、いかなる場合に内定の法的性質が始期付・解約権留保付の労働契約であると判断されるのかについては明確な基準がある訳ではないものの、採用を確信させるような言動があったか否か、他社に対する就職活動を妨げたか否か、内定辞退を行わない旨の誓約書を提出させたか否か、研修の受講を要請したか否かなどの諸般の事情を総合的に考慮し、会社側に労働契約を成立させる意思があったと解されるような場合には、始期付・解約権留保付の労働契約が成立していると判断されることになります。実務上は、一般的な採用手続きにおける内定の多くが、始期付・解約権留保付の労働契約と解されています。

(2)　被災による業績悪化を理由とした内定取り消しの可否について

　被災によって急激に業績が落ち込んでしまったような場合、打開策の一つとして人件費の削減があげられます。それでは、このような理由による内定取り消しは可能なのでしょうか。

　そもそも、業績悪化を理由とした解雇（整理解雇）については、その有効性については、①人員削減の必要性、②解雇回避努力、③人選の合理性、④手続きの妥当性という4要件（または4要素）から厳格に判断されています（あさひ保育園事件　最一小判　昭58.10.27）。

　そして、内定の法的性質が始期付・解約権留保付の労働契約が成立していると認められる場合、その有効性の判断は、整理解雇に準じたものになると考えられます（インフォミックス（採用内定取消）事件　東京地判　平9.10.31）。新型コロナウイルスに関して厚生労働省が発表したQ＆Aにおいて

も、整理解雇を実施するにあたっては、使用者が最大限の経営努力を行う等あらゆる手段を講ずることが求められています。遊休資産の売却や役員報酬の減額、希望退職者募集の検討、担当予定業務の内容などの客観的な指標に基づく基準による人選など整理解雇時に通常考慮される事柄に加えて、災害時には各種助成金や給付金に特例が設けられることも多く、これらを積極的に活用することも求められることに注意してください。

(3)　被災による業績悪化を理由とした自宅待機命令と賃金の関係について

　就労開始日までは、労働者に労働義務がありませんので、自宅待機を命じることはできないことが原則です。

　内定の法的性質が始期付・解約権留保付の労働契約である場合、入社日が到来したことによって、その法的性質は通常の労働契約となります。

　そのため、入社日以降に使用者が自宅待機を命じた場合、その理由が使用者の故意・過失に該当する場合には賃金全額の支払義務が発生しますし（民法536②）、使用者の故意・過失には該当しなくとも使用者側に起因する経営、管理上の障害を理由とする場合には平均賃金の6割以上の休業手当の支払義務が発生することになります（労働基準法26。ノース・ウエスト航空事件最二小判　昭62.7.1）。

　そして、被災による業績悪化が自宅待機の理由である場合、特段の事情がない限り、使用者に故意・過失があるとまでは評価できないでしょうから、休業手当の支払いをもって足りるものと考えられます。　　　　　　　　（今西　眞）

Q10　災害に伴う業績悪化による労働条件の切り下げ

災害により業績が悪化したため従業員の賃金を減額したり、所定労働時間を法的基準まで延ばすなど、労働条件を切り下げたいのですが、どのような方法で行えばよいのでしょうか。

A

就業規則を変更することにより、労働条件を切り下げることは可能であるが、変更の必要性を慎重に検討した上で、労働者の不利益の程度をできる限り抑制し、労働組合または労働者らと協議を重ねてから行うべきであり、変更した就業規則をいつでも労働者が知れるようにしておく必要がある。

(1)　労働契約における合意の原則

　労働契約法は、労働契約の内容である労働条件の変更には、労使間の合意が必要だとしつつ（労働契約法8条）、就業規則の変更、労働協約などによる例外が定められています（労働契約法10、労働組合法16）。したがって、賃金の減額等の労働条件の切り下げにあたっては、就業規則の変更や労働協約を定める方法によることができます。

(2)　就業規則の変更による場合

　まず、就業規則を変更するには、過半数労働組合または労働者の過半数を代表する者の意見を聞き、この意見を記した書面を添付して行政官庁（労働基準監督署）へ届け出ることが必要です（労働契約法11、労働基準法89、90）。過半数労働組合または労働者の過半数を代表する者の意見は反対意見

でも構いません。

　これに加えて、変更後の就業規則を労働者に周知しなければならず、就業規則の内容も合理的なものでなければなりません（労働契約法10）。なお、労働契約において、就業規則の変更によっては変更されないと合意されていた労働条件については、就業規則の変更によっても変更することはできません（労働契約法10）。

　労働者に対する周知とは、実質的な周知（労働者が知ろうと思えばいつでも知り得る状態に置くこと）を意味します。過去の裁判例では、就業規則の変更について全体朝礼で概括的な説明をしたのみであり、説明文書の配布、説明会の開催など、全従業員に具体的に説明する努力をしていなかったことから周知を欠くと判断されたものがありますので（中部カラー事件　東京高判　平19.10.30）、実質的周知が認められるためには、労働者に対し、変更後の就業規則の内容について具体的な説明をする努力を払うことまで求められていると解するべきです。

　就業規則の変更が合理的であるか否かは、労働者の受ける不利益の程度、労働条件の変更の必要性、変更後の就業規則の内容の相当性、労働組合等との交渉の状況その他の就業規則の変更にかかる事情に照らし判断するとされています（労働契約法10）。

　被災による業績悪化を労働条件の不利益変更の理由とする場合であれば、その業績悪化の程度が著しく、事業の継続にも影響しかねないようなものであれば、不利益変更の必要性は高度であると考えられますので、変更すること自体の必要性は認められるはずです。しかし、いくら不利益変更の必要性が高度であったとしても、例えば、労働者に対して必要以上に大きな不利益（賃金の大幅ダウンなど）を与える変更であったり、労働者に与える不利益を緩和するための代償措置などを一切考慮していなかったり、あるいは労使間での交渉の機会を全く設けていなかったりしたような場合には、就業規則の変更が合理的であるとは認められないおそれがあります。

⑶　労働協約による場合

労働条件その他の労働者の待遇に関する労働協約に反する労働契約の部分は、無効とされていることから（労働組合法16条）、労働組合と労働協約を締結することで、労働条件を不利益に変更することが考えられます。ただ、常時使用される同種の労働者の4分の3以上の労働者が適用を受けなければ、他の同種の労働者に対して効力が及ばないことや（労働組合法17）、組合員の一部に不利益な労働協約の場合には、一部の組合員がことさらに不利益を受けることがないよう、当該組合員の意思を労使交渉へ反映させることや、その不利益が小さくなるよう配慮することなどが必要になることに注意してください。

⑷　まとめ

以上のとおり、被災による業績悪化を理由とし労働条件の不利益変更をする場合、就業規則の変更や労働協約によることが考えられます。もっとも、いずれにしても、不利益変更が真に必要であるかを十分に検討し、不利益変更がやむを得ないとの結論に至った場合であっても、労働者の受ける不利益が最小限となるような変更にとどめるようにすべきです。また、労働組合または労働者と事前に協議する機会を設けるなど、十分な情報提供を行い、説明を尽くしたうえで、行うことが不可欠です。　　　　　　　　（今西　眞）

Q11　待機時間の残業代の支払い

震災で公共交通機関が途絶えた際、従業員に対し、事業所に一晩待機してから帰宅するよう命じました。後日、待機した従業員から賃金（残業代）を請求されましたが、この場合、賃金を支払う義務はありますか。

A

単に待機するよう伝えているにとどまる場合は支払う義務はないが、業務の遂行等を伴う場合は支払う義務がある。

(1)　災害時の待機命令

　大規模災害の発生時、外出に危険が伴う場合や、公共交通機関の停止により、従業員の帰宅が困難になることがあります。こうした状況においては、会社が、従業員に対して、事業所での待機命令を出すことがあります。使用者は労働者に対し、労働契約法5条や民法415条に基づき、労働者の身体等の安全に配慮する義務を負っており、これは、自然災害発生時において、当該自然災害から従業員の身の安全を保護するよう配慮する義務を含んでいます。

　東日本大震災の発生時においても、使用者の労働者に対する「生命及び健康等が地震や津波などの自然災害の危険から保護されるよう配慮すべき義務」を認めた裁判例があります（七十七銀行（女川支店）事件　仙台高判平27.4.22　上告不受理にて確定）。当該安全配慮義務に違反した場合、使用者は労働者に対する損害賠償責任が生じることになります。

　ここから、従業員を帰宅させた場合に従業員の生命、身体に危難が生じることが明らかである場合等には、会社の安全配慮義務の履行として、労働者に待機命令を出すことが求められると考えられます。

　また、災害時の待機命令に関する条例を定めている自治体もあります。例えば、「東京都帰宅困難者対策条例」においては、大規模災害時に事業者は従業員が一斉に帰宅することの抑制に努めなければならない旨が規定されています。これはあくまでも使用者の努力義務を定めたものにとどまりますが、災害の状況によっては、使用者が従業員に対して待機命令を出すことも、企業に期待された役割といえます。

(2) 賃金（残業代）はどのような場合に支払わなければならないか

　賃金とは、労働の対価として使用者から労働者に支払われる報酬であり、残業代とは、労働者の労働時間が、労働基準法が定める法定労働時間の上限よりも長期に及んだ場合に、当該時間外労働時間に応じて支給を義務付けられている賃金です（労働基準法37①）。したがって、ある時間が「労働時間」として認められれば、その時間に対応する賃金（残業代）の支払義務が認められることになります。

　労働時間とは「労働者が使用者の指揮命令下に置かれている時間」をいうものとされ、労働時間に該当するか否かは「労働者の行為が使用者の指揮命令下に置かれたものと評価することができるか否かにより客観的に定まるもの」とされています（三菱重工業長崎造船所事件　最一小判　平12.3.9）。つまり、労働契約や就業規則の内容などの主観的な約束ではなく、状況を客観的にみて、使用者の指揮命令下にあると評価することができる場合は、労働時間として認められるのであり、これに対して、賃金ないし残業代を支払わなければならないことになります。

　そして、待機時間であっても、緊急時の対応を義務付けられている等により、労働からの解放が保障されていない場合には、労働時間と認められる場合があります。例えば、ビル管理会社の従業員の仮眠時間について、警報や電話等に対して直ちに相当の対応をすることを義務付けられている場合には休憩時間とはならず、労働時間として認められる旨判断した判例があります

（大星ビル管理事件　最一小判　平14.2.28）。

(3)　災害時の会社待機時間は労働時間にあたるか

　これまでの整理を踏まえると、災害時の待機命令による待機時間については、原則として賃金の支払義務は生じないと考えられます。災害時の待機命令は、使用者の安全配慮義務その他法令等に基づく義務の履行であり、労働者が使用者の指揮命令下にあることを前提とする業務命令とは性質が異なります。また、仮に労働者が待機命令に違反して帰宅したとしても、使用者が懲戒処分等を行うことはできないと考えられ、災害時の待機命令は、不利益処分による強制力を背景にしておらず、労働者に対する拘束力がないと考えられます。

　よって、災害時の待機命令により労働者が事業所に待機したとしても、「労働者が使用者の指揮命令下に置かれている」とは認められず、賃金ないし残業代の支払義務は生じないと考えられます。

　しかしながら、災害時、使用者が労働者に対して、事業所への待機とともに、業務に関する各種の対応を依頼・命令する場合には、待機命令は業務命令としての性質もあわせ持つことになると考えられます。例えば、使用者が、従業員に対し、「事業所に待機して事業所の状況について逐一報告してくれ」、「顧客からの緊急電話に対応して欲しい」と要請して労働者がそれに従った場合、労働からの解放がなされているとはいえません。このような場合、賃金ないし残業代の支払義務が認められる可能性があります。　　　（家永　勲）

Q12　勤務時間帯の変更

震災に伴う節電要請などの影響で、サマータイムや深夜時間帯を含んだシフト勤務を導入したいと思っていますが、雇用管理上、注意すべき点はどのようなところですか。

A

就業規則の始業・終業時間や休日に関する規定を変更する必要がある。労働時間が不規則になるため、どのような場合に、休日労働、深夜労働になるか確認しておくべき。

(1)　就業規則の内容

サマータイム制やシフト制、感染症予防に備えた時差出勤などを導入するためには、始業・終業の時間を変更することになります。就業規則において、始業及び終業の時刻は、必ず記載しなければならない事項(絶対的記載事項)となっているため(労働基準法89①一)、始業・終業の時間を変更する場合には、就業規則を変更する必要があります。

また、シフト制を導入することに伴い、休日が変わる場合には、就業規則の休日に関する規定も変更する必要があります(労働基準法89①一)。

(2)　就業規則の変更手続き

常時10人以上の労働者を使用する使用者は、就業規則を変更するには、労働者の過半数で組織する労働組合か、これがない場合は労働者の過半数を代表する者の意見を聴いた上で、行政官庁に届け出る必要があります(労働基準法89、90)。

　加えて、前述のような始業・終業時間の変更及び休日の変更は、就業規則の不利益変更にあたる可能性があります。

　就業規則を不利益に変更するには、①労働者の受ける不利益の程度、労働条件の変更の必要性、変更後の就業規則の内容の相当性、労働組合等との交渉の状況その他の就業規則の変更にかかる事情に照らして合理的なものであるとき（労働契約法10）に該当するか、もしくは、②労働者全員との合意をする必要があります。

　このうち①の要件はかなり抽象的であり、法律の専門家以外ではこれに該当するか否かの判断は困難です。したがって、始業・終業時間を変更する際には、②労働者全員との合意をしておくことが望ましいでしょう。

　さらに、厚生労働省が東日本大震災時に公表した「節電に向けた労働時間の見直しなどに関するQ＆A」においては、「労働時間等の見直しに伴い、就業規則を変更するにあたっては、当該見直しは、労働者の生活に大きな影響を及ぼす労働条件の変更となることから、労働契約法（第9条及び第10条）の趣旨に基づき、労働時間等の変更の必要性等について労働者に十分説明するとともに、労働者への影響を最小限のものとするなどの配慮を行うことが望ましいと考えられます」とされています。

　なお、「1日8時間」「1週40時間」の枠を超えて労働させる場合には、このほかに、労働基準法36条の協定を締結する、変形労働時間制等を導入する等の手続きが必要になります。

(3)　始業・終業時間変更後の注意点

　規程上でのみ始業・終業時間を早めても、会社の運用実態が変わらなければ、結局、早く出社してるのに、帰る時間は変わらないという事態に陥りがちです。労働時間を変更する際には、始めのうちは退社時間に残っている労働者に声かけをすること、時間外労働については許可制を徹底すること等により、事業所全体で環境づくりをすることが重要です。

　また、シフト制を導入する場合、「１週40時間」の枠を超えないように注意する必要があります。不定休の場合、特に意識せずにいると、勤務が重なった際に「１週40時間」を超えてしまうことがあります。このとき、「１週」が原則として日曜日から土曜日までを指す（就業規則で変更することが可能です）ことも注意しておくべきです。

⑷　深夜労働

　深夜労働とは、午後10時から午前５時までに行う労働をいいます。

　時間外労働ではない深夜労働をさせる場合、就業規則等に特段の定めを規定する必要や、労働基準法36条に基づく協定を提出する必要はありません。しかし、通常の労働時間の賃金の計算額の２割５分以上の率で計算した割増賃金を支払わなければならず（労働基準法37）、これは、変形労働時間制等を採用した場合でも同様です。

　深夜労働を行わせる際には、以下の点に注意が必要です。

①　深夜労働は、以下の者に従事させることはできません。

- **満18歳に満たない者**（労働基準法61①）
- **妊娠中の女性及び産後１年を経過しない女性が請求した場合**（労働基準法66③、67②）
- **小学校就学の始期に達するまでの子を養育する労働者や要介護状態にある対象家族を介護する労働者が請求した場合**（育児・介護休業法19・20）

②　深夜業に常時従事させる場合は、当該労働者に対し、深夜業への配置替えの際及び６ヵ月以内ごとに１回、定期に健康診断を行わなければなりません（労働安全衛生規則13①三ヌ、45）。

③　休日は、原則として暦日（午前０時から午後12時までの継続24時間）で与えなければならないため、翌日が法定休日である日に、午前０時を超える深夜労働をさせる場合には、午前０時以降は法定休日労働扱いと

して割増賃金を支払わなければなりません。

④　労働基準法41条2号の「管理監督者」については、「労働時間、休憩及び休日に関する規定」は適用されず、残業代の支払義務は生じませんが、深夜割増賃金の支払義務は生じます。よく誤解されている点ですので、ご注意ください。　　　　　　　　　　　　　　　（家永　勲）

Q13　限度時間を超えた時間外労働

当社の一部工場が被災したため、別の工場をフル稼働させ生産力を維持したいと考えています。そのため、時間外労働の限度時間を超えた時間外労働を行いたいのですが、どのような手続きが必要になりますか。

A

特別条項を定めた36協定を締結しておくことにより、限度時間を超えた労働が可能になり得る。また、労働基準法33条1項に基づく延長も検討すべき。

(1)　時間外労働の限度時間

　労働基準法32条では、使用者は、労働者に「1日8時間」、「1週40時間」を超えて労働させてはならない旨規定されています。

　そして、労働基準法36条1項では、労働者の過半数で組織する労働組合がある場合においてはその労働組合、これがない場合は労働者の過半数を代表する者との書面による協定により、かかる制限を超えて労働させることができる旨規定されております（この協定を「36協定」といいます）。もっとも、長時間労働は労働者の健康を害するおそれがあるため、この手続きを経たとしても無尽蔵に労働させることができる訳ではありません。

　法律上、時間外労働の上限は原則として月45時間・年360時間とされ、「当該事業場における通常予見することができない業務量の大幅な増加等に伴い臨時的に限度時間を超えて労働させる必要がある場合」として36協定に特別条項を定めた場合にその範囲内に限られます（労働基準法36⑤）。なお、特別条項による場合でも、次の上限は守らなければならず、違反した場合には

罰則（6ヵ月以下の懲役または30万円以下の罰金）が科されます。

- 時間外労働が年720時間以内
- 時間外労働と休日労働の合計が月100時間未満
- 時間外労働と休日労働の合計について、「2ヵ月平均」「3ヵ月平均」「4ヵ月平均」「5ヵ月平均」「6ヵ月平均」がすべて1月当たり80時間以内
- 時間外労働が月45時間を超えることができるのは、年6ヵ月が限度

(2)　特別条項に基づき労働させることの可否

　36協定指針（平30.9.7告示第323号）において、「当該事業場における通常予見することのできない業務量の大幅な増加等に伴い臨時的に限度時間を超えて労働させる必要がある場合」をできる限り具体的に定めなければならず、「業務の都合上必要な場合」、「業務上やむを得ない場合」など恒常的な長時間労働を招くおそれがあるものを定めることは認められないとされています。現在、事前に災害等に対応できるように具体的な定めがされておらず、災害時に特別条項に該当するか否か判断に迷うことがあるでしょう。この点、新型コロナウイルス感染症に関して、36協定の締結当時には想定しがたく、繁忙の理由が「新型コロナウイルスによる場合」とまで記載されていなくても特別条項の理由として認められると考えられています（厚生労働省「新型コロナウイルスに関するQ&A」〔令和2年5月29日時点版〕）。このように、特別条項の定め方は難しい部分があり、実際に協定を締結する場合には、専門家または労働局に相談されることをお勧めします。

(3)　災害等による臨時の必要がある場合

　前述の36協定による労働時間の延長とは別に、労働基準法33条1項には、「災害その他避けることのできない事由によって、臨時の必要がある場合においては、使用者は、行政官庁の許可を受けて、その必要の限度において」

労働時間を延長することができる旨規定されています。事前に行政官庁の許可を得る暇がなければ、事後遅滞なく届け出れば、労働時間の延長が認められます。かかる規定に基づく延長については特段上限等の定めはされておらず、具体的状況に応じて延長時間が判断されることになります。

　これまで災害時に厚生労働省が発表している「東日本大震災に伴う労働基準法等に関するQ＆A（第3版）」、「令和元年台風19号による被害に伴う労働基準法や労働契約法に関するQ＆A」〔令和元年11月1日版〕、「新型コロナウイルスに関するQ＆A」〔令和2年5月29日時点版〕などによると、時間外労働を月45時間以内とすることが重要とされ、やむを得ず80時間を超える時間外・休日労働をさせたことで疲労の蓄積が認められる労働者に対しては、医師による面接指導等の実施や適切な事後措置が求められています。

⑷　本件について

　本件において検討するに、災害により一部工場が稼働不能に陥る事態は、「当該事業場における通常予見することができない業務量の大幅な増加等に伴い臨時的に限度時間を超えて労働させる必要がある場合」であると考えられます。したがって、あらかじめ特別条項を付した36協定を締結しておくことで、限度時間（月45時間・年360時間）を超えて労働させることが可能と考えられます。

　特別条項における「特別の事情」の内容としては、「現に稼働する工場の一部について、自然災害（感染症を含む）、第三者の不法行為等により生産力の低下や労働力が偏在し、会社全体の生産力や労働力を維持するため特にひっ迫した必要があるとき」などと、感染症にも対応できるようにすることが考えられます。

　また、労働基準法33条1項に基づく労働時間の延長の許可を得ることも考えられます。よほどの緊急性、必要性がない限り、かかる手続きにより限度時間を超える労働を認める許可は出ないと考えられますが、労使協定を締結

できる見込みがない場合や、労使協定を締結するほどの時間的余裕がない場合には、かかる手続きの実行を検討すべきでしょう。　　　　　（家永　勲）

Q14　災害等に伴う業績悪化による整理解雇

災害によって業績が悪化し、事業を縮小せざるを得ない状況です。人員整理を考えていますが、どのような点に注意すればよいでしょうか。

A

整理解雇は、整理解雇の4要素（人員削減の必要性・解雇回避努力・人選の合理性・解雇手続きの妥当性）を満たすかどうかという観点で有効性が判断されており、残業削減、新規採用縮減・停止、人事異動、退職勧奨、希望退職、役員報酬の減額や賃下げ、助成金や給付金などの利用など可能な限り解雇回避努力を尽くしたうえで、客観的に合理的な基準で被解雇者を選定し、説明や協議も丁寧に行うようにすることが必要。災害時には、政府主導による緊急融資や給付金、助成金の特例などといった経営支援策が実施されることが多く、各種支援策を活用しても回避できないのかということも考慮することも重要である。

(1)　労働基準法上の制限

そもそも、次に該当する場合は、労働基準法上、解雇できないので注意してください（労働基準法19①）。

① 労働者が業務上負傷し、または疾病にかかり療養のために休業する期間及びその後30日間

② 産前産後の女性の労働基準法65条の規定による休業期間及びその後30日間

(2)　整理解雇

　上記、解雇禁止に該当しない場合であっても、解雇は、客観的に合理的な理由を欠き、社会通念上相当であると認められない場合は、その権利を濫用したものとして無効となります（労働契約法16条）。これは、整理解雇であっても同じです。整理解雇において、客観的に合理的な理由や社会通念上の相当性が認められるか否かは、次の4つの要素に着目して判断されます。

① 　人員削減の必要性

② 　解雇回避努力を尽くしたか否か

③ 　被解雇者の選定の合理性

④ 　手続きの妥当性

　有期労働契約の契約期間中に解雇する場合、「やむを得ない事由」がなければ解雇することができず（労働契約法17①）、これが整理解雇であれば、整理解雇の4要素を考慮して「やむを得ない事由」が判断されるのですが、無期労働契約における整理解雇よりも解雇の有効性は厳格に判断されています。

　整理解雇が容易ではないことから、有期労働契約の契約期間が満了する労働者を雇止めにすることで人員削減を実現することが考えられます。これ自体は有期労働契約である以上、基本的に許されるものであり、正社員の解雇よりも有期労働契約を雇止めにより優先して終了させることには合理性があると認められている判例もあります（最判昭和55.12.16　日立メディコ事件）。

　しかし、①過去に反復して契約更新がされており無期労働契約と社会通念上同視できるような場合や、②契約が更新されると労働者が期待することについて合理的理由がある場合には、客観的に合理的な理由があり社会通念上相当でなければ雇止めは認められませんので、①や②に該当する可能性がある以上、有期労働契約だから雇止めが容易にできると単純には考えないように注意してください。（労働契約法19）。

(3)　人員削減の必要性（要素①）

　人員削減の必要性として、人員削減を実施しなければ倒産を避けられないといったことまでは求められていません。債務超過や累積赤字が続いているなど、高度な経営危機にあれば、人員削減の必要性は認められるでしょう。

　もっとも、抽象的な必要性ではなく、客観的資料に基づいて、将来の売り上げ見込み、キャッシュの多寡、資金繰り、人件費の割合、融資の可能性、助成金や給付金の有無などを正確に把握したうえで判断された具体的な必要性でなければいけません。災害時には、助成金の特例や無利子融資、融資枠の拡大などさまざまな経営支援が実施されますが、整理解雇の実施にあたって、これら制度について知らなかったでは済まされませんので、情報収集を怠らないように注意してください。

(4)　解雇回避努力を尽くしたか否か（要素②）

　使用者には、他の手段によって解雇回避の努力をすることが求められます。整理解雇にあたっては、例えば、残業時間の削減、新規採用の縮減・停止、コスト削減、配転や出向などの人事異動、退職勧奨、希望退職の募集、役員報酬の減額、賃下げ、助成金や給付金の活用、融資などといったことを試みることになります。解雇を回避するための試みを、どの程度、どのような順番で行うかについては、個別の事案によって異なるので一概には判断できませんが、残業時間の削減、役員報酬の減額、コスト削減を実施しつつ、退職勧奨、希望退職者の募集といった緩やかな人員削減から進めるべきでしょう。災害時には、各種助成金や給付金、緊急融資などの支援策が実施されることが多く、こういった支援策の活用を試みることも必須でしょう。

⑸　被解雇者の選定の合理性（要素③）

　被解雇者を自由に選べるわけではありません。解雇回避努力を尽くしたうえで、どうしても整理解雇に踏み切らざるを得ないとしても、誰を解雇するのかについては、客観的で合理的な基準に基づいて決定しなければなりません。例えば、業務内容、勤務態度（勤怠・懲戒の有無）、雇用形態、年齢、家族構成、健康状態、支店廃止などによる通勤可能性などを基準として定め、これに基づいて解雇者を選定していくことになります。

⑹　手続きの妥当性（要素④）

　整理解雇自体はやむを得ないとしても、どうして人員削減が必要なのか、どういった解雇回避努力を試みたのか、被解雇者の選定をどのような基準で行ったのかなどについて、解雇対象者に対して説明を尽くし、協議を丁寧に行うことが必要となります。なお、労働組合がある場合には、労働組合に対しても説明を行うことになります。この説明や協議は、時間を掛けて複数回行うことが必要です。災害時で時間や余裕がないとしても、説明や協議を簡単に済ませることは避けるべきです。　　　　　　　　　（今西　　眞）

「テレワークにおける労務管理」

新型コロナウイルスの感染拡大により緊急事態宣言が出されたことで、多くの企業が半ば強引にテレワークを導入しました。テレワークを体験できたことで、漠然とした抵抗感がなくなり、今後は、テレワークが普及、定着していくと見込まれています。もっとも、労務管理において、出社勤務とは異なる配慮が必要になりますので本格導入にあたっては注意が必要になります。

1　労働基準関係法令の適用

テレワークを行う場合も、労働契約を結んだ労働者であることに変わりはなく、労働基準法、最低賃金法、労働安全衛生法、労働者災害補償保険法等の労働基準関係法令が適用されます。

2　就業場所の明示

労働契約締結に際しては、労働条件を明示しなければなりません。テレワークを前提に採用するのであれば、労働条件通知書へテレワーク可能な場所を就業場所として記載するようにしてください。なお、これまで採用し、出社勤務をしていた労働者に関しては、人事権の行使として就業場所を変更するという扱いになりますが、就業場所を限定する内容で合意している場合には、合意によって変更する必要があります。

3　労働時間を適正に把握する義務

テレワークにおける不安で最も多いのは、出退勤を把握できないのではないか、サボられるのではないかということではないでしょうか。いわゆる勤怠管理と在席管理です。

(1)　勤怠管理

テレワークを行う場合でも、使用者が労働者の労働時間を適正に

把握する義務を免れるわけではなく、「労働時間の適正な把握のために使用者が講ずべき措置に関するガイドライン」に基づき労働時間を把握しなければいけません。

　多くの中小企業では、タイムカードで勤怠管理を行っていると思いますが、テレワークでは、タイムカードで適切に勤怠管理を行うことは難しいでしょう。上記ガイドラインでは、使用者が現認するか、タイムカード、ICカード、パソコンのログなどで客観的に把握することを原則とし、例外的に自己申告制を採用する場合は、適正に自己申告がされているかどうかについて確認をすることなどが求められています。テレワークでは、パソコンのログや出退勤管理アプリ、web朝礼、chat、メールなど客観的に残る方法で勤怠管理を行うことになるでしょう。最近では、労働時間の集計まで行ってくれるアプリもありますし、残業時間が多いとアラートを出してくれるものや有給休暇の取得日数を管理できるもの、日報機能があるものなどさまざまあるようです。

(2)　在席管理

　テレワークの場合、サボっているのではないかと疑ってしまいがちです。だからといって、webカメラで常時監視するのは、信頼関係が崩れ、労働意欲の低下を招きかねませんし、常時監視の下で働かせることは違法だと判断される可能性も否定できませんので、避けるべきでしょう。じーっと見られていると思いながら働くことを想像すれば、いかに常時監視が異常かわかるのではないでしょうか。実際には、業務上の指示をchatやメールで行い、それに対する反応を確認していれば、自然と在席確認は可能だと思います。

(3)　中抜けの扱い

　テレワークの場合、子供の世話などで業務を離れることも起こります。自由利用が保障されていれば、この時間を休憩時間と扱い、始業や終業時間を繰り上げ、繰り下げするなどしても構いません。

もっとも、頻繁に中抜けが生じるのであれば、フレックスタイム制を導入することも検討するべきでしょう。

　休憩時間の付与に関連して、休憩時間の一斉付与の除外に関する労使協定を準備することも必要な場合があります。

(4)　事業場外みなし労働時間制

　テレワークにより、事業場外で業務に従事することで、使用者の具体的な指揮監督が及ばず、労働時間を算定するのが困難だとして、事業場外みなし制を適用しようとされるかもしれません。しかし、情報通信機器が、使用者の指示により常時通信可能な状態におくこととされていたり、随時使用者の具体的な指示に基づき業務を行ったりしている場合は、事業場外みなし制を適用できないので注意してください。

(5)　時間外・休日労働

　テレワークの場合、所定労働時間内に仕事を終えようという動機が弱くなり、ついつい残業や休日労働をしてしまいがちです。長時間労働にならないように、テレワークを行う場合には、残業を原則禁止とし、残業は厳格な許可制とすることや、所定労働時間以外の時間はシステムへアクセスできないよう制限をかけるなどの対応も検討すべきでしょう。

4　労働災害・健康管理

　テレワーク中であっても、業務上発生した事故であれば、労災の対象となります。例えば、テレワーク中の自宅でトイレに向かおうとした際に転倒した場合などです。また、テレワークを行う場合であっても、労働安全衛生法は適用され、出社勤務の場合と同様に、健康診断などの健康確保のための措置を講じなければいけません。テレワークの場合は、出社勤務と違って、作業用のデスクや椅子がない場合や照明が暗いなど、安全衛生上問題があることも少なくありませんので、作業環境について

も注意をしてくだい。

5　費用負担

　テレワークを実施するにあたり、ネット回線工事費用、通信費、光熱費、情報通信機器の購入費、サテライトオフィスの利用料金、交通費など、費用の取扱いについては事前に協議のうえ、就業規則に定め、明確にしておくべきでしょう。例えば、労働者の負担としておいて、テレワーク手当を一定額支給するという方法などが考えられます。

（今西　眞）

2 被災時の労災保険法

Q15 業務災害と通勤災害の原則

天災により、仕事中、負傷した場合は、労災保険は給付されるのでしょうか。また、出勤や退勤などの途中で負傷した場合は、通勤災害にあたるでしょうか。

A

これまでの大規模災害発生時の実務上の取り扱いとしては、甚大な被害を生じさせた地震等についても業務災害として労災保険が給付されている。また、天災による通勤災害についても保険給付を受けることができる。

(1) 業務災害と通勤災害について

労災保険法に基づく労働者災害補償保険（以下「労災保険」といいます）は、業務上の事由または通勤による労働者の負傷、疾病、障害、死亡等に対して迅速かつ公正な保護をするため、必要な保険給付を行うことを目的とした制度です。

そして、労災保険法では、労働者の負傷等の原因が次の2つの災害のいずれかに該当する場合、保険給付を行うものと定められています（労災保険法7①）。

- 労働者の業務上の負傷、疾病、障害または死亡（以下「業務災害」といいます）
- 労働者の通勤による負傷、疾病、障害または死亡（以下「通勤災害」と

いいます）

　それでは、いかなる状況での災害が業務災害または通勤災害に該当するのでしょうか。

　第一に、業務災害についてですが、業務災害に該当するか否かを判断する際にポイントとなるのは、「業務上」の災害といえるか否かであり、より具体的には、①業務遂行性と②業務起因性の2点から判断されています。

　そして、業務遂行性が認められるためには、災害が起こったときに業務を遂行していたこと、すなわち労働者が使用者の支配下にある状態と認められることが必要であり、業務起因性が認められるためには、労働者が使用者の支配下にあることに通常伴う危険が現実化したものと経験則上認められることが必要とされています。

　第二に、通勤災害についてですが、「通勤」とは、住居と就業場所との往復だけではなく、兼業労働者の就業場所間の移動、単身赴任者等の住居間移動も含まれ、これらの場所間を「合理的な経路及び方法」で移動することをいいます（労災保険法7②、同法施行規則6・7）。ただし、移動経路からの逸脱または中断があった場合、それ以降は「通勤」には該当しません（労災保険法7③）。もっとも、逸脱または中断が、日常生活上必要な行為であって、厚生労働省令で定めるもの（日用品の購入、家族の介護など）をやむを得ない事由により行うための最小限度のものである場合は、これらの後の移動であっても「通勤」に該当するものとされています（労災保険法7③、同法施行規則8）。

(2)　天災による災害が業務災害または通勤災害に含まれるか

　それでは、天災によって、仕事中または通勤中に負傷等をしてしまった場合、業務災害または通勤災害として保険給付の対象となるのでしょうか。

　まず、現に業務を遂行中に負傷した場合、業務遂行性が肯定されることは

当然ですが、天災は不可抗力的に発生するものであり、使用者の支配下にあるか否かに関係なく等しくその危険があることから、一般的に業務起因性は認められないと考えられています。しかしながら、業務の性質や内容、作業条件や作業環境あるいは事業場施設の状況からみて、災害を被りやすい事情にある場合には、天災による災害の危険は同時に業務に伴う危険としての性質を帯びるため、天災に際して発生した災害も、同時に災害を被りやすい業務上の事情があり、それが天災を契機として現実化したものと認められる場合に限り、業務災害として取り扱うものとされています（昭49.10.25基収2950号）。

このように、天災によって仕事中に負傷した場合、業務起因性は原則として否定されることになるのですが、実際には、大震災（伊豆半島沖地震、阪神・淡路大震災、東日本大震災など）の際に生じた災害の多くは業務災害として認められていることから、現在では、実務上の取り扱いとしては、原則と例外が逆転している状況となっています。なお、東日本大震災の際に厚生労働省が作成した「東北地方太平洋沖地震と労災保険Q＆A」でも、「仕事中に地震や津波に遭い、ケガをされた（死亡された）場合には、通常、業務災害として労災保険給付を受けることができます。これは、地震によって建物が倒壊したり、津波にのみ込まれるという危険な環境下で仕事をしていたと認められるからです」と回答しており、業務災害に該当することが通常とされています。

また、感染症に関しては、「新型コロナウイルスに関するQ＆A（労働者の方向け）」〔令和2年5月29日時点版〕において、感染リスクが高いと考えられる労働環境下に従事していた場合には、個別に業務との関連性を判断するという判断が示されており、必ずしも業務起因性は否定されていません。

したがって、天災によって仕事中に負傷等してしまった場合、特段の事情がない限り、業務災害に該当すると考えられます。

次に、天災によって通勤中に負傷等をしてしまった場合ですが、業務災害の場合と同様、通勤に通常伴う危険が現実化したものと認められれば、通勤

災害として取り扱われます。そのため、通勤途中に地震で列車が脱線してしまったことによる災害や、通勤中に歩道橋を渡っている際に地震で足をとられて転倒してしまったことによる災害などは、通勤災害として認められます（平23.3.11基労補発0311第9号）。

　したがって、天災によって通勤中に負傷等をしてしまった場合も、特段の事情がない限り、通勤災害に該当すると考えられます。　　　　（今西　眞）

Q16 被災時の避難や救護中の災害

社内で勤務中に災害が発生し、避難時に被災した場合、労災保険は
給付されますか。また、同僚などを救護している間の負傷はどうで
しょうか。

A

業務中に発生した災害による、避難行為、救護活動等によって負傷等を
してしまったような場合、特段の事情がない限り、業務災害の該当性が
否定されることはない。

(1) 避難中の被災について

　まずは、会社内で業務中に災害が発生し、避難をしている途中で負傷等を
してしまった場合、業務災害に該当するのかについて検討します。

　この点、業務災害に該当するためには業務遂行性が認められなければなり
ませんが、業務遂行性とは、会社から命じられた具体的な業務の遂行中（作
業中）でなければ認められないというほど狭く解釈されていません。

　例えば、労働者が就業を終えて事業場内から退勤する際に誤って階段から
転落して負傷してしまった事案では、就業時間外の行為であっても、事業場
内における業務に就くための出勤または業務を終えた後の退勤で業務と接続
しているものは、業務行為そのものではないが、業務に通常付随する準備後
始末行為と認められるとした上で、当該災害が労働者の積極的な私的行為ま
たは恣意行為によるものではなく、かつ、当該災害が通常発生し得るような
災害であることから、使用者の支配下に伴う危険が現実化した災害であると
の判断をし、業務災害として認められています（昭50.12.25基収第1724号）。
その他にも、オートバイで出勤した労働者がタイムカードの記入後に再び

オートバイで自転車置場に向かっているときに、工場構内の道において
フォークリフトと衝突をして負傷をした事案においても、業務災害として認
められています（昭37.8.3基収4070号）。さらには、同僚と宿泊を伴う業務
出張の際に、宿泊施設内で夕食時に飲酒し、酔って階段で転倒し、頭を強く
打って死亡したという事案では、「同僚と宿泊先の客室のような場所で寝食
をともにするというような場合に、本件程度の飲酒は通常随伴する行為とい
えなくはないもので、『本件出張のような宿泊を伴う業務出張の際には、夕
食時にともに飲酒をすることを常としていた』旨の供述も合わせ考えると、
積極的な私的行為ないし恣意的行為に及んでいたものではない」旨を判示し、
業務遂行性を認めた裁判例もあります（大分労基署長（大分放送）事件　福
岡高判　平5.4.28）。

　このように、会社から命じられた具体的な業務の遂行中でない状況下にお
いても、業務に通常付随する行為や支配下に伴う危険が現実化した場合であ
れば、比較的緩やかに業務遂行性は肯定されています。さらにいえば、会社
内で業務中に災害が発生した場合に、自らの命を守るために、その場にとど
まることなく避難をすることは当然のことであり、避難行為は業務に通常付
随する行為と評価されるでしょう。

　したがって、避難中に負傷してしまったような場合であっても、通常は、
業務災害に該当すると考えられます。

　例えば、過去の災害における解釈として示されている「東北地方太平洋沖
地震と労災保険Q&A」をみると、「仕事中に地震にあって、会社のある地
域に避難指示が出たので避難している最中に津波によりケガをした（死亡し
た）場合は、労災保険が適用されますか」という質問に対し、厚生労働省は、
「仕事中に地震があり避難することは、仕事に付随する行為となります。し
たがって、津波に限らず、避難行為中に怪我をされた場合は、通常、業務災
害として労災保険給付が受けられます」と回答し、避難行為中の災害が業務
災害に該当することを肯定しています。

⑵　同僚の救護中の被災について

・・・

　次に、会社内で業務中に災害が発生し、同僚などを救護している際に負傷等をしてしまった場合についてですが、負傷した同僚などを救護することは、避難行為と同様、業務に通常付随する行為であると評価されるでしょう。また、同僚に対する救護行為が労働者の積極的な私的行為や恣意行為に該当するとも考え難いです。

　したがって、同僚などを救護している際に負傷等をしてしまった場合であっても、あえて危険に飛び込むような行為が私的行為と評価されない限り、通常は業務災害に該当すると考えられます。

⑶　まとめ

・・・

　以上のとおり、業務中に災害が発生してしまったため、その後に、避難行為、救護活動その他の通常人であればとるべき行動をしていたところ、何らかの理由によって負傷等をしてしまったような場合、特段の事情がない限り、会社に命じられた具体的な業務を遂行している最中ではないことをもって業務災害の該当性が否定されることはないものと考えられます。（家永　勲）

Q17　通勤中や外勤中の労災

会社への出勤時や外回り中に乗り合わせた列車内などで被災した場合は、通勤災害や業務災害にあたるのでしょうか。

A

天災による場合であっても、特段の事情がない限り、通勤災害または業務災害に該当する。

(1)　通勤中の天災による負傷等について

　最初に、労働者が会社に出勤している途中に天災が発生して負傷等をしてしまった場合、「通勤災害」に該当するのか否かについて検討します。

　通勤災害とは、労働者の通勤による負傷、疾病、障害または死亡（労災保険法7①二）であるため、いかなる場合が「通勤」に該当するのかを把握する必要があります。労災保険法が定める「通勤」とは、住居と就業場所との往復だけではなく、兼業労働者の就業場所間の移動、単身赴任者等の住居間移動も含まれ、これらの場所間を合理的な経路及び方法で移動することを指しています（労災保険法7②、同法施行規則6・7）。ただし、移動経路からの逸脱または中断があった場合、原則として、その後の移動は「通勤」には該当しないものとされており、逸脱または中断が、日常生活上必要な行為であって、厚生労働省令で定めるもの（日用品の購入、家族の介護など）をやむを得ない事由により行うための最小限度のものである場合は、例外的に、通勤経路に復した後の移動は「通勤」に該当するものとされています（労災保険法7③、同法施行規則8）。

　また、通勤災害とは、通勤「による」という定めから、通勤が原因となった負傷等と認められることが必要と考えられています。一見すると、天災は

通勤とは無関係に発生しているものであることから、通勤を原因とした負傷等であるのか疑問を持たれるかもしれません。しかしながら、実務上は、通勤そのものが直接の原因でなければならないというほどに狭い解釈はとられておらず、通勤に通常伴う危険が現実化したものであればよく、通勤途中に地震で列車が脱線してしまったことによる災害や、通勤中に歩道橋を渡っている際に地震で足をとられて転倒してしまったことによる災害であっても、通勤に通常伴う危険が現実化したものとして、通勤災害に該当すると解されています（平23.3.11基労補発0311第9号）。

　以上のことから、自宅から勤務先に合理的な経路及び方法で出勤しているときに天災が発生して負傷等をしてしまったのであれば、特段の事情のない限り、通勤災害として取り扱われると考えられます。

(2)　事業場外における天災による負傷等について

　次に、営業職などの労働者が外勤をしている途中に天災が発生して負傷等をしてしまった場合、「業務災害」に該当するのか否かについて検討します。

　業務災害とは、労働者の業務上の負傷、疾病、障害または死亡（労災保険法7①一）であるため、いかなる場合であれば、「業務上」の災害といえるか否かが問題です。これについては、「業務遂行性」及び「業務起因性」の2点から判断されています。そして、「業務遂行性」が認められるためには、災害時に労働者が使用者の支配下にある状態と認められることが必要であり、「業務起因性」が認められるためには、労働者が使用者の支配下にあることに通常伴う危険が現実化したものと経験則上認められることが必要とされています。

　外勤中は、使用者の直接的な指示からは離脱している場合もありますが、労働契約に基づき使用者の命令を受けて外勤をしている状況であるため、会社内で業務をしているときと同様、使用者の支配下にあることに変わりはないと考えられています（外にいること自体が使用者の指示であるということ

です）。したがって、途中で積極的な私的行為または恣意行為をしているような場合は別として、そうでない限りは業務遂行性が認められることに疑いはありません。

　他方で、天災は不可抗力的に発生するものであり、使用者の支配下にあるか否かに関係なく等しくその危険があることから、一般論としては、業務起因性は認められないとされています。しかしながら、業務の性質や内容、作業条件や作業環境あるいは事業場施設の状況からみて、災害を被りやすい事情にある場合には、天災による災害の危険は同時に業務に伴う危険としての性質を帯びるため、天災に際して発生した災害も、同時に災害を被りやすい業務上の事情があり、それが天災を契機として現実化したものと認められる場合に限り、業務災害として取り扱うものとされています（昭49.10.25基収2950号）。

　実務的には、大震災（伊豆半島沖地震、阪神・淡路大震災、東日本大震災など）の際に生じた災害の多くは天災を契機として危険が現実化したものであり、業務災害として認める運用がなされており、原則と例外が逆転しているような状況となっています。なお、東日本大震災の際に厚生労働省が作成した「東北地方太平洋沖地震と労災保険Q＆A」でも、「仕事中に地震や津波に遭い、ケガをされた（死亡された）場合には、通常、業務災害として労災保険給付を受けることができます。これは、地震によって建物が倒壊したり、津波にのみ込まれるという危険な環境下で仕事をしていたと認められるからです」と回答しており、業務災害に該当することが通常とされています。

　以上のことから、営業職の労働者などが外勤（外回り）をしている途中に天災が発生して負傷等をしてしまった場合であっても、私的行為や恣意行為中などの特段の事情のない限り、業務災害として取り扱われると考えられます。

（家永　勲）

Q18　感染症と労災・安全配慮義務

市中に感染症がまん延しており、従業員がいつ感染してもおかしくない状況です。従業員が感染した場合、労災扱いになるのでしょうか。また、出社させた会社は、安全配慮義務違反に問われるのでしょうか。

A

感染経路が判明し、業務に起因して感染したものであると認められる場合には、労災保険給付の対象（労災扱い）になりますし、感染経路が判明しない場合であっても、業務により感染した蓋然性が高く、業務に起因したものと認められる場合には、労災保険給付の対象（労災扱い）となると考えられます。

　また、時差出勤やテレワークの実施、マスク着用、アルコール消毒、座席位置、他人との距離、検温、感染の疑いがある者の自宅待機といった感染予防措置を講じず、漫然と出社させた場合など、当該感染症に関する当時の科学的・医学的知見に基づき感染予防を行わずに出社させた場合には、安全配慮義務違反に問われる可能性があります。

(1)　感染症が労働災害に含まれるか

　労働者の業務上の負傷、疾病、障害または死亡について、使用者は労働災害補償義務を負うとともに、労働災害補償保険給付の対象にもなるところ（労働基準法75、76、77、79、80、労働災害補償保険法7①一）、業務上の疾病として、細菌、ウイルス等の病原体による疾病が対象とされていることから、感染症の場合も労災保険給付の対象となります（労働基準法75②、同施行規則35、別表1の2、労働災害補償保険法7、12の8）。

　業務上によるものか否かは、①業務遂行性（労働者が使用者の支配ないしは管理下にあること）と②業務起因性（労働者が使用者の支配下にあることに通常伴う危険が現実化したものと経験則上認められること）の2点から判断されます。なお、判例・裁判例では、①と②を明確に分けているわけではなく、業務に内在する危険が現実化したか否かで判断しているものも多いですが、実質的な判断過程に大きな違いはないといえます。

(2)　業務上の疾病に関する労働災害補償の考え方

　業務上の疾病に関しては、疾病と業務との因果関係の判断が困難である場合が多く、その判断は容易ではありません。感染症の場合、感染経路や感染時期などが不明確な場合が多く業務上によるものか否かは特に判断が難しいでしょう。この点、参考になるのが、新型コロナウイルス感染症に際して出された「新型コロナウイルス感染症の労災補償における取扱いについて」（令2.4.28基補発0428第1号。以下、単に「通達」といいます）です。

　通達では、「本感染症については、従来からの業務起因性の考え方に基づき、労働基準法施行規則別表（以下「別表」という。）第1の2第6号1または5に該当するものについて、労災保険給付の対象となるものであるが、その判断に際しては、本感染症の現時点における感染状況と、症状がなくとも感染を拡大させるリスクがあるという本感染症の特性に鑑みた適切な対応が必要となる。

　このため、当分の間、別表第1の2第6号5の運用については、調査により感染経路が特定されなくとも、業務により感染した蓋然性が高く、業務に起因したものと認められる場合には、これに該当するものとして、労災保険給付の対象とすること」とし、具体的な取り扱いとして、次のように、医療従事者等の場合には基本的に労働災害保険給付の対象とし、医療従事者等以外については、感染経路が特定されているかどうかで分けて定めています。

＝国内の場合＝

ア　医療従事者等

　　患者の診療若しくは看護の業務または介護の業務等に従事する医師、看護師、介護従事者等が新型コロナウイルスに感染した場合には、業務外で感染したことが明らかである場合を除き、原則として労災保険給付の対象となること。

イ　医療従事者等以外の労働者であって感染経路が特定されたもの

　　感染源が業務に内在していたことが明らかに認められる場合には、労災保険給付の対象となること。

ウ　医療従事者等以外の労働者であって上記イ以外のもの

　　調査により感染経路が特定されない場合であっても、感染リスクが相対的に高いと考えられる次のような労働環境下での業務に従事していた労働者が感染したときには、業務により感染した蓋然性が高く、業務に起因したものと認められるか否かを、個々の事案に即して適切に判断すること。

　　この際、新型コロナウイルスの潜伏期間内の業務従事状況、一般生活状況等を調査した上で、医学専門家の意見も踏まえて判断すること。

　㋐　複数（請求人を含む）の感染者が確認された労働環境下での業務

　㋑　顧客等との近接や接触の機会が多い労働環境下での業務

　　なお、厚生労働省の「新型コロナウイルスに関するＱ＆Ａ（企業の方向け）」〔令和２年５月29日時点版〕によれば、㋐㋑はそれぞれ次のようなケースが想定されています。

　㋐　請求人を含め、２人以上の感染が確認された場合をいい、請求人以外の他の労働者が感染している場合のほか、例えば、施設利用者が感染している場合等

　㋑　小売業の販売業務、バス・タクシー等の運送業務、育児サービス業務等

⑶　安全配慮義務違反の有無

　使用者は、労働契約上、労働者の生命身体等の安全を確保する義務（安全配慮義務）を負っており（労働契約法5）、これを怠ったことにより、労働者が生命身体等を害した場合には、労働者に対して損害賠償義務を負います。感染症に対して、使用者がどこまでの感染防止措置を講ずべきか否かは感染症の特性を踏まえた対応が必要であり、まん延直後から明らかになるとは限りませんが、その当時、使用者が認識し得る科学的、医学的知見を基準に判断されると考えられます。具体的には、使用者は、厚生労働省などがホームページなどで日々公表する情報などを参考にして、予防措置を講ずることが求められる可能性があり、2020年の新型コロナウイルスまん延の場合で考えると、時差出勤やテレワークの実施、マスク着用、アルコール消毒、座席位置、他人との距離、検温、感染の疑いがある者の自宅待機といった感染予防措置を講じず、漫然と出社させた場合など、当該感染症に関する当時の科学的・医学的知見に基づき感染予防を行わずに出社させた場合には、安全配慮義務違反に問われる可能性があります。　　　　　　　　　　　（今西　　眞）

Q19　労災時の治療費の手続き

地震や大雨などの天災で負傷し、それが業務災害と思われる場合は、健康保険との兼ね合いで、どのように治療費の手続きをすればよいのでしょうか。

A

業務災害による傷害等の治療費については、原則として、労災保険給付を請求するか指定医療機関における診療によるべきである。ただし、健康保険を利用した場合でも、診療報酬の返還等の手続きを行えば、労災保険給付を受けることができる。

(1)　労災保険と健康保険の違い

　労災保険と健康保険の違いは、大まかにいえば、会社員の業務上または通勤における傷病等を補償するものが労災保険、私生活上の負傷等を補償するものが健康保険になります。

　健康保険給付は、「労働者災害補償保険法（中略）の規定によりこれらに相当する給付を受けることができる場合には、行わない」とされており（健康保険法55①）、労災保険と健康保険の併給を受けることはできません。具体的な傷病等が生じた場合には、それが、業務上または通勤によって生じたものであるか否かが判断され、労災と認められる場合は健康保険でなく労災保険による給付がなされます。労災として認めるか否かを判断するのは所轄の労働基準監督署長になります。

(2)　労災保険給付の受給手続き

　　労災保険給付には受ける補償に応じていくつかの種類がありますが（**Q20**
参照）、業務災害または通勤災害により生じた傷病等の療養に対する補償に
ついては、「療養補償給付」を受けることができます。

　　療養補償給付は、①療養を受けた後に給付申請して療養費分の給付を受け
る方法と、②療養そのものを受ける方法があります。

　　①の場合、労働者は、医療機関で診療を受けて診療費を支払った上で、所
定の書式（「療養補償給付たる療養の費用請求書」（様式第7号）または「療
養給付たる療養の費用請求書」（様式16号の5））に、診療を受けた医療機関
からの療養等の証明及び、事業主からの災害の発生等の証明を受け、所轄の
労働基準監督署に提出して費用の給付を受けます。

　　②の場合、労働者は労災病院や指定医療機関（以下「指定医療機関等」と
いいます）で診療を受け、所定の書式（「療養補償給付たる療養の給付請求書」
（様式第5号）または「療養給付たる療養の給付請求書」（様式第16号の3））
に事業主から災害の発生等の証明を受けた上で指定医療機関等に提出するこ
とで、無償で療養給付を受けることができます。

(3)　健康保険給付を受けた後に労災給付申請をする場合

　　傷病等について、健康保険証を使って診療を受け始めてしまうこともあり
ます。このような場合、後から労災給付の申請をするためには、併給を回避
するために必要な手続きがあります。

　　この点について、厚生労働省のホームページ上に掲載されているQ＆Aで
は、健康保険から給付された額（医療機関が「健康保険の保険者」から支払
いを受けた診療報酬）を返還し、窓口負担分とあわせて療養に要した費用を
労働基準監督署に請求することで、労災給付を受けることが可能とされてい
ます。ここで、「健康保険の保険者」とは、健康保険事業の運営主体（全国

健康保険協会や健康保険組合等）のことをいいます。診療報酬の返還手続き
は、これらの機関に問い合わせて行うことになります。その後、⑵記載の手
続きにより療養補償給付を申請することで、労災保険の受給を開始すること
ができます。

　この際、原則として、先に診療報酬返還の手続きをする必要があり、経済
的な負担が生じますが、これにより多大な経済的負担が生じるなどの場合は、
診療報酬の返還が完了する前であっても、労災請求を行うことができるとさ
れています（厚生労働省「労災保険に関するＱ＆Ａ」参照）。

⑷　本件について

　本件については、業務上災害による負傷と思われるとのことですので、「療
養補償給付たる療養の給付請求書」（様式第５号）または「療養給付たる療
養の給付請求書」（様式第16号の３）に会社から証明を受けて、指定医療機
関に提出することで、無償で診療を受けることが可能です。

　指定医療機関以外で診療を受けてしまっても、後に「療養補償給付たる療
養の費用請求書」（様式第７号）または「療養給付たる療養の費用請求書」（様
式16号の５）に会社と医師の証明を受け、これを所轄の労働基準監督署に提
出することで、療養費全額の給付を受けることが可能です。

　健康保険を利用して診療を受け始めてしまったとしても、各健康保険の保
険者から支給される診療報酬返還の手続きをして、その後に、全額について
労災保険給付を受給する手続きが用意されています。　　　　（家永　勲）

Q20　行方不明時の労災保険の請求

仕事中に津波に遭い行方不明になっている場合、行方不明者の家族は労災保険の請求はできるのでしょうか。

A

行方不明から1年が経過して失踪宣告を受けた場合または船舶等の沈没に伴う場合は3ヵ月経過後に請求が可能となる。なお、大規模災害時には例外的対応がなされる場合もあるため、通達を確認して対応することが必要となる。

(1)　労働者が行方不明となった場合の労災保険給付

労災保険給付は状況に応じ、以下のようないくつかの種類が定められています。

① 労災による傷病により療養する場合

　→**療養（補償）給付**

② 労災による傷病のため労働することができず賃金を受けられない場合

　→**休業（補償）給付**

③ 労災による傷病が治癒した後に後遺障害が残った場合

　→**障害（補償）給付**

④ 労災により労働者が死亡した場合

　→**遺族（補償）給付**

⑤ 労災により死亡した労働者の葬祭を行う場合

　→**葬祭料・葬祭給付**

⑥ 労災による傷病が療養開始後1年6ヵ月以降も傷病が治癒しない場合

　→**傷病（補償）給付**

⑦　一定の者が精神・神経の障害及び胸腹部臓器の障害の者であって、現に介護を受ける場合

　→**介護（補償）給付**

⑧　事業主が行う直近の定期健康診断等において、一定の事由に該当する場合

　→**二次健康診断等給付**

そして、行方不明者については、「死亡の原因となるべき危難に遭遇した者」について、その生死が「危難が去った後一年間明らかでないとき」には、家庭裁判所において失踪宣告ができます（民法30②）。かかる失踪の宣告を受けた者は、その危難が去ったときに死亡したものとみなされます（民法31）。

これに従い、行方不明者については、危難が去ってから1年間経過後に失踪宣告をして死亡とみなされた場合には、遺族補償給付及び葬祭料・葬祭給付の請求をすることが可能と考えられます。

また、船舶の沈没等や航空機の航行中に行方不明となった者については、労災保険法により、3ヵ月間生死がわからない場合には、遺族補償給付及び葬祭料・葬祭給付を受けることが可能とされています（労災保険法10）。

(2)　東日本大震災時の通達

東日本大震災においては、津波により数多くの方が行方不明となったため、行方不明者に関する遺族（補償）給付等の取り扱いについて、厚生労働省から「東日本大震災による災害により行方不明となった者に係る遺族（補償）給付支給請求書等の提出があった場合等の取扱いについて」（平23.5.2基労発0502号第1号）等、多数の通達が発されました。

内容としては、東日本大震災による災害により3ヵ月間生死がわからない場合に平成23年3月11日（災害発生日）に死亡したものと推定する旨や、また、行方不明者であるか否かについて具体的な調査手法等が規定され、これ

により、行方不明者の遺族の方々が、速やかに遺族補償給付や葬祭料・葬祭給付を請求することが可能になりました。

　今後も、大規模災害の発生時に、通達等により通常時の法令と異なる運用がされる可能性は大いにあり得ると考えられます。

⑶　本件について

　仕事中に労働者が津波に巻き込まれて行方不明になり、これが労災として認められる場合（**労災認定についてはQ15〜Q17参照**）には、①津波による危難が去ってから1年間経過後に家庭裁判所に失踪宣告の申立てを行って失踪宣告を受けること、または、②津波時に船舶や航空機に搭乗していて行方不明となり3ヵ月経過することにより、遺族補償給付及び葬祭料・葬祭給付を得ることが可能と考えられます。

　また、大規模災害により多数の行方不明者が生じる場合には、東日本大震災時のように要件が緩和され、失踪宣告を受けずとも、遺族補償給付及び葬祭料・葬祭給付を得ることができるようになる可能性があります。したがって、大規模災害発生時においては、厚生労働省からどのような通達がなされるかを確認しておくべきでしょう。　　　　　　　　　　　　　（家永　勲）

Q21　事業場が消失した場合の労災保険の請求

仕事中に被災してケガをしたので医療機関を受診したいのですが、津波により事業場が流されてしまいました。この場合でも労災保険で受診できますか。

A

原則として労災保険の請求には、事業主の証明が必要であるが、証明を受けることができない場合には例外的対応がなされることがあるため、所轄の労働基準監督署に問い合わせてみることが重要である。

(1)　労災保険の受給手続き

　労災保険を受給するための手続きは、受給しようとする給付の種類によって多少異なりますが、基本的には、所定の書式に必要事項を記載し、事業主から必要事項の証明を受けた上で、所轄の労働基準監督署に提出することになります。この「事業主」とは、労働者と雇用契約関係にある者（雇い主のことを意味しています）をいいます。

(2)　事業主の手続き

　労働者が療養補償給付を申請するには、事業主から災害等の証明を受けることが必要となります。事業主が証明する事実は、具体的には「負傷又は発病の年月日」及び「災害の原因及び発生状況」などです（労災保険法施行規則12①三・四、同②）。

　事業主には、労働者が労災給付を受けるのに必要な証明を求められたときは、速やかに証明をしなければならない義務が定められています（労災保険

法施行規則23②）ので、会社は、労災が発生し、労働者から証明を求められた場合は、速やかに証明に応じましょう。

(3)　事業主の証明を得られない場合

前述のとおり、労災給付の申請書において「事業主の証明」は法律上の記載事項とされておりますので、事業主の証明のない申請書は記載不備ということになります。

しかしながら、労働者と事業主の間で労災に関する事実に争いがあることも少なくないため、事業主が労災の証明に応じることができない場合があります。また、本件のように大災害により事業主自体が活動不能に陥り、証明できない場合もあるでしょう。このような場合に、労働者が労災保険給付を受けることができないとなると、せっかく保険制度があるにもかかわらず、労働者の保護に欠ける結果となります。

そこで、労働基準監督署では、事業主の証明がなくとも、必要な手続きを行えば労災保険給付申請を受理することがあります。このとき求められる手続きとしては、「事業主が証明をしなかった旨の内容を記載した書面を提出させる」などが実務上よく見られます。労災申請について事業主の証明を得られない労働者は、どのような手続きを行えばよいか、所轄の労働基準監督署に相談してみるとよいでしょう。

(4)　東日本大震災時などの行政の対応

大規模災害が発生した場合、多数の死傷者が生じ、事業主及び労働基準監督署が膨大な労災の手続きに対応しなければならない反面、事業主や労働基準監督署も正常に機能できる状態ではなくなることが予想されます。このような場合、従前どおりの運用では到底対処しきれなくなるため、特別な手続きにて労災を受け付ける場合があります。

　一例として、東日本大震災の場合にどのような対応がなされたのか紹介します。「東北地方太平洋沖地震等に関する労災診療費等の請求の取扱いについて」（平23.3.30基発0330第13号）や、「平成23年東北地方太平洋沖地震に伴う労働条件、安全衛生、労働保険、労災補償等に関する緊急相談窓口の開設について」（平23.3.25基発0325第10号）などの通達が速やかに発出され、労災保険給付申請について、通常とは異なる手続きによる申請を認めました。

　具体的には、所定の様式ではなく任意の様式で給付申請できること、事業主や診療した医師の証明がなくとも受け付けること、相談窓口を開設し、そこで申請を受け付けること等です。これにより、東日本大震災のときは、事業主が被災して事業主の証明が得られなかった場合や、所轄の労働基準監督署が機能していない場合でも、労災保険給付の申請をすることが可能になりました。

　なお、新型コロナウイルス感染症に関しては、様式などの特例までは設けられていませんが、類型的に該当者数が増加しそうなケースについては、「新型コロナウイルスに関するＱ＆Ａ（労働者向け）」〔令和2年5月29日版〕などを通じて公表していました。

⑸　本件について

　本件では、事業所が津波の被害を受けてしまい、事業主の証明を受けることが困難な状況に陥っています。

　このような状況で労災給付申請における事業主の証明が得られない場合は、まず、所轄の労働基準監督署に相談して、どのような手続きをすればよいか問い合わせてみましょう。状況に応じて必要な書面を提出すること等により、労災給付申請を受理してもらえることが多いと思われます。

　所轄の労働基準監督署までもが津波の被害に遭い、手続きを行うことができない場合には、所轄外であっても近隣の他の労働基準監督署に相談してみるか、大規模災害の場合は、厚生労働省から出される通達を確認してみましょ

う。これにより必要な手続きを知ることができると考えられます。

　その他、大規模災害時は、通常とは異なる扱いがされることが多いため、厚生労働省のホームページをこまめに確認しておくとよいでしょう。

（家永　勲）

Q22　労災保険料の滞納

被災により会社の経営が悪化した場合にも労災保険料を支払う義務があるのでしょうか。また、滞納した場合は、どのような処分を受けるのでしょうか。

A

災害により経営が悪化した場合には、労災保険料の「納付の猶予」制度の利用を検討すべき。また、大規模災害時等には特例が設けられる可能性がある。労災保険料を滞納した場合は、高率の延滞金が発生し、かつ、最終的には財産を差し押さえられてしまうことになりかねない。

(1)　労災保険の保険料支払義務

　労災保険は、「労働者を使用する事業を適用事業とする」（労災保険法3①）とされており、労働者を一人でも使用する事業においては、労災保険の対象となり、保険料の支払義務が生じます。

　労災保険料の額は、原則として賃金総額に一定の保険料率を乗じて得た額（労働保険徴収法11①）であり、全額事業主が負担することとなっています。

(2)　労働保険料を滞納した場合

　労働保険料を滞納した場合、労働保険徴収法に基づく処分がなされます。

　まず、政府は、滞納者に対して期限を指定して保険料支払いの督促を行います（労働保険徴収法27①）。期限は督促状を発する日から10日以上経過した日になります。

　督促状で指定された期限までに保険料を納付しない場合、期限日の翌日を

起算点として、年14.6％（納期限の翌日から2ヵ月を経過する日までの期間は年7.3％）の割合による延滞金が徴収されます（労働保険徴収法28①）。

その後は、国税徴収法の規定に基づき、不動産や銀行口座等、事業主の有する財産の差し押さえがなされ、換価の手続き（不動産の売却等）が実行されることになります。

また、労災保険料の滞納中に労災が発生した場合、労災給付として支給した金額の最大40パーセントを事業主が負担しなければならなくなります（労災保険法31①）。

(3)　労災保険料納付の猶予制度

労災保険を含む労働保険の保険料については、一定の場合に厚生労働省が認める「納付の猶予」の制度により、猶予を受けることができる場合があります。

「納付の猶予」とは、災害、病気、事業の休廃業などによって労働保険料等を一時に納付することができないと認められる場合に、申請に基づいて納付が猶予される制度です。

納付の猶予は、納付の期限から6ヵ月以内に申請し、以下のすべての要件を満たす場合に認められるものとされています。

①　次に掲げるもののいずれかに該当する事実（納付者の責めに帰することができないやむを得ない理由により生じた事実に限ります。以下「猶予該当事実」といいます）があること

　ア　納付者がその財産につき、震災、風水害、落雷、火災その他の災害を受け、または盗難に遭ったこと

　イ　納付者またはその者と生計を一にする親族が病気にかかり、または負傷したこと

　ウ　納付者がその事業を廃止し、または休止したこと

　エ　納付者がその事業につき著しい損失を受けたこと

オ　納付者に上記アからエに類する事実があったこと

②　猶予該当事実に基づき、納付者がその納付すべき労働保険料等を一時に納付することができないと認められること

③　「労働保険料等納付猶予申請書」が管轄の労働局に提出されていること

④　原則として、猶予を受けようとする金額に相当する担保の提供があること

そして、納付の猶予が認められた場合、以下のような効果があります。

- 新たな差し押さえや換価（売却）などの滞納処分の執行を受けない
- 既に差し押さえを受けている財産がある場合には、労働局に申請することにより、その差し押さえが解除される場合がある
- 納付の猶予が認められた期間中の延滞金の全部または一部が免除される

(4)　災害時の特例

上記の猶予制度に加え、大規模災害時には特例による猶予、免除が認められる場合があります。特例措置は、適宜、講じられていくことから、報道や厚生労働省のホームページで確認することや、最寄りの都道府県労働局へ問い合わせ・確認することが重要です。

東日本大震災時には、「労災保険料等の免除の特例」が設けられました。この特例により、一定の要件を満たす事業主について、平成23年3月1日から平成24年2月29日までの労働保険料等の免除が、概ね以下のような要件で認められました。

①　平成23年3月11日に特定被災区域に所在していたこと。

②　大震災による被害を受け、休業または事業活動が縮小したこと。

③　大震災発生前の直近の賃金支払月の労働者一人あたりの賃金額と比べて、1ヵ月の労働者一人あたりの賃金額が2分の1未満になっていること。

　また、かかる要件を満たさない事業主についても、被災した場合には、労働保険料等の申告・納付期限の延長や、納付の猶予を認めました。

　台風19号による被害の場合は、指定地域の事業主に対して、労働保険料の申告・納付期限の延長措置や納付の特例猶予措置が設けられるとともに、指定地域外の事業主に対しても納付期限の延長措置が設けられました。しかし、保険料の免除措置は設けられていません。

　新型コロナウイルス感染症の場合は、令和2年5月25日時点において、令和2年度労働保険料等の申告・納付期限（年度更新期間）が令和2年8月31日まで延長され〔口座振替納付日：令和2年10月13日〕、また、事業に係る収入が前年同期に比べて概ね20％以上減少している場合には、担保提供を要せず1年の範囲内で特例猶予を受けることができるものとされました。なお、令和2年5月25日時点において免除措置は設けられていません。

⑸　本件について

- -

　被災したことにより経営難に陥ってしまった場合、「納付者がその財産につき、震災、風水害、落雷、火災その他の災害を受け、または盗難に遭ったこと」との要件を満たし、「納付の猶予」の制度が利用できる可能性があります。また、かかる制度が利用できなかったとしても、保険料の分納等が認められる場合もありますので、まずは、最寄りの都道府県労働局に相談してみるとよいでしょう。

　大規模災害の場合には、東日本大震災時と同様、特例が設けられる可能性があるため、最寄りの都道府県労働局に問い合わせるか、厚生労働省のホームページ等をよく確認しておくべきです。　　　　　　　　　　　　（家永　勲）

3　被災時の税務問題

Q23　申告期限の延長

経理の社員が新型コロナウイルス感染症に罹患してしまいました。申告期限間近で、申告書の提出が間に合いそうもないのですが、何か救済措置はありませんか？

A

各法人等が個別に所轄税務署に申請することにより、申告期限の延長が認められる。申請に当たっては、別途申請書を作成する必要はなく、申告の際、その申告書等の余白に「新型コロナウイルスによる申告・納付期限延長申請」である旨を付記することで申請を行うことができる。なお、申告期限及び納付期限は、原則として申告書の提出日となる。

(1)　申告期限の延長制度について

　災害その他やむを得ない理由により、申告期限等の延長を受けようとする場合には、災害その他やむを得ない理由のやんだ日から2ヵ月以内に申請を行うことにより、申告期限の延長が認められます。

(2)　新型コロナウイルス感染症と申告期限の延長制度

　新型コロナウイルス感染症に関しては、これまでの災害時に認められていた理由のほか、国税庁は下記のような具体例を例示しています。これらの理由により、申告書や決算書類などの国税の申告・納付の手続に必要な書類等

の作成が遅れ、その期限までに申告・納付等を行うことが困難な場合には、個別の申請による期限延長（個別延長）が認められることになります。

① 税務代理等を行う税理士（事務所の職員を含みます）が感染症に感染したこと。

② 納税者や法人の役員、経理責任者などが、現在、外国に滞在しており、ビザが発給されないまたはそのおそれがあるなど入出国に制限等があること。

③ 次のような事情により、企業や個人事業者、税理士事務所などにおいて通常の業務体制が維持できない状況が生じたこと

・経理担当部署の社員が、感染症に感染した、または感染症の患者に濃厚接触した事実がある場合など、当該部署を相当の期間、閉鎖しなければならなくなったこと。

・学校の臨時休業の影響や、感染拡大防止のため企業が休暇取得の勧奨を行ったことで、経理担当部署の社員の多くが休暇を取得していること。

・緊急事態宣言などがあったことを踏まえ、各都道府県内外からの移動を自粛しているため、税理士が関与先を訪問できない状況にあること。

④ 法人税等に関しては、感染症の拡大防止のため多数の株主を招集させないよう定時株主総会の開催時期を遅らせるといった緊急措置を講じたこと

消費税及び地方消費税については、法人税の場合と異なり、確定した決算に基づいて申告を行うものではありませんので、定時株主総会の開催延期により決算が確定しないという理由だけでは、その期限を延長することはできません。その他の理由により期限までに消費税及び地方消費税の申告・納付等が困難な理由がある場合には、期限の延長が認められますので留意が必要です。

　実務上、これまでなかなか全国的には認められなかった申告期限の延長ですが、新型コロナウイルス感染症対策に対応すべく、認められる場合の具体例が明示されました。各税務署も柔軟な対応をしていますので、申告が間に合わない場合もあきらめずに税理士・税務署等に相談をしてください。

（滝沢　淳）

Q24　納税の猶予

新型コロナウイルス感染症の影響で売り上げが大幅に減少してしまい、資金繰りが悪化し、国税を期限までに納めることができません。どうしたらよいでしょうか？

A

新型コロナウイルス感染症及びそのまん延防止のための措置の影響により、収入が減少しており、一定条件を満たす場合には、令和2年2月1日から令和3年1月31日までに納期限が到来する国税について、無担保かつ延滞税なしで1年間納税の猶予を受けられる。申請を行うことが必要であり、所轄税務署に申請を行わなければならない。

(1)　猶予制度の種類

猶予制度には、①換価の猶予と②納税猶予があります。

換価の猶予は、滞納処分による財産の差押え及び換金することを猶予する制度です。この制度は「事業継続又生活維持が困難であるとき」に、比較的広く適用でき（担保の提供が必要となる場合があります）、猶予期間中の延滞税が軽減※される場合がある制度です。

(2)　納税猶予について

納税の猶予は、文字通り税金の納付期限を猶予してもらえる制度です。災害により財産について相当な損失を受けた場合に、損失を受けた日以後1年以内に納付すべきものについて、申請をすることにより原則として1年以内の期間に限り納付を猶予されます。また、この納税の猶予を適用した場合に

は延滞税が軽減[※]される場合や延滞税が全額免除となる場合があります。

　全額免除となる場合は、地震や台風で家が壊れるなど、「財産の損失」が生じた場合等に限定されます。

(3)　新型コロナウイルス感染症と納税猶予

・・・

　新型コロナウイルス感染症及び、そのまん延防止のための措置は、影響があったとしても直接「財産に損失」は発生しないかと思います。しかし、多くの事業者等の収入が減少しているという状況を踏まえ、特例猶予として、下記の条件を満たす場合には、令和2年2月1日から令和3年1月31日までに納期限が到来する国税について、「財産の損失」が生じていない場合でも無担保かつ延滞税なしで1年間納税の猶予を受けられることになっています。

　納税の猶予制度は、個人、法人を問わず、原則としてすべての税目について対象となります。

〈納税の猶予を受けるための条件〉

①　新型コロナウイルス感染症等の影響により、令和2年2月以降の任意の期間（1ヵ月以上）において、事業等の収入が前年同期と比較して、概ね20%以上減少していること。

②　一時に納税することが困難であること。

（滝沢　淳）

※令和2年における延滞税の軽減については、年8.9%の割合が年1.6%の割合となります。

Q25 震災損失の繰り戻し

法人が災害により発生した修繕費などの損失を被災前の事業年度にさかのぼって計上することは可能ですか。

A

災害により生じた災害損失欠損金額については、その災害発生前2年以内（白色申告の場合には前1年以内）の事業年度にさかのぼって法人税の還付を受けることができる。この規定は、資本金1億円を超える法人や白色申告法人であっても適用が可能。ただし還付を受ける年度から損失を受けた年度まで連続して確定申告書（申告期限後の提出を含む）を提出していることが必要。

(1) 災害損失の繰り戻しによる法人税額及び地方法人税額の還付

災害のあった日から1年を経過する日までの間に終了する事業年度において生じた災害損失欠損金額があるときには、青色申告の場合その災害欠損事業年度開始の日前2年以内（白色申告の場合、前1年以内）に開始した事業年度の法人税額のうち、災害損失欠損金額に対応する部分については、還付を請求できます（法人税法80⑤、144の13⑪）。また、法人税の還付が行われる場合には地方法人税もあわせて還付されます（地方法人税法23①）。

(2) 災害損失欠損金

災害損失欠損金とは、災害があった日から1年を経過する日までに終了する各事業年度において生じた欠損金額のうち、災害損失金額に達するまでの金額をいいます。

⑶　災害損失金額

　災害損失金額とは、棚卸資産、固定資産、一定の繰延資産について生じた
損失等による損失の額、原状回復等のための費用に掛かる損失の額及び被害
の拡大または発生の防止にかかる損失の額（保険金、損害賠償金等により補
てんされるものを除きます）の合計額をいいます。

〈確定申告で繰り戻しを請求する場合〉

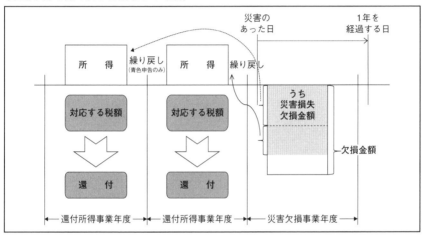

⑷　法人税の還付額の計算

　この制度による法人税の還付額は、次の算式により計算します（法人税法
80⑤、144の13⑪）。

〈算　式〉

$$
\text{法人税の還付額} = \text{還付所得事業}\atop\text{年度の法人税額} \times \frac{\text{災害欠損事業年度の災害損失}\atop\text{欠損金額（分母を限度）}}{\text{還付所得事業年度の所得金額}}
$$

■**参考**■

法人税法80条（欠損金の繰戻しによる還付）

　内国法人の青色申告書である確定申告書を提出する事業年度において生じた欠損金額がある場合(第4項の規定に該当する場合を除く。)には、その内国法人は、当該確定申告書の提出と同時に、納税地の所轄税務署長に対し、当該欠損金額に係る事業年度（以下この条において「欠損事業年度」という。）開始の日前1年以内に開始したいずれかの事業年度(欠損事業年度が次の各号（略）に掲げる事業年度に該当する場合には、当該各号に定める事業年度を除く。)の所得に対する法人税の額（附帯税の額を除くものとし、第68条から第70条の2まで（税額控除）の規定により控除された金額がある場合には、当該金額を加算した金額とする。以下この条において同じ。）に、当該いずれかの事業年度（以下この条において「還付所得事業年度」という。）の所得の金額のうちに占める欠損事業年度の欠損金額（第5項において準用するこの項の規定により当該還付所得事業年度の所得に対する法人税の額につき還付を受ける金額の計算の基礎とするもの及びこの条の規定により他の還付所得事業年度の所得に対する法人税の額につき還付を受ける金額の計算の基礎とするものを除く。第4項において同じ。）に相当する金額の割合を乗じて計算した金額に相当する法人税の還付を請求することができる。

（佐々木　司）

Q26 災害により損傷した資産

天災により会社が所有するビルが損傷しました。修復のために掛かった費用は税務上どのように分類されますか。

 A

天災前の効用を維持するために行った原状回復に掛かった費用は、「修繕費」となる。修繕費であるか、資本的支出であるかが明らかでない場合には、その費用の30％を修繕費とし、残額を資本的支出として処理することも認められる。ビルの修復に掛かった費用が、災害損失欠損金となる場合には、その欠損金額については、白色申告であっても、その事業年度から9年間（平成30年4月1日以後に開始する事業年度については10年）にわたって繰り越して控除することができる。

(1) 復旧のために支出する費用

　法人が災害により被害を受けた固定資産（被災資産）について、現状を回復するために支出した費用は、修繕費として損金算入することができます（法基通7－8－6(1)）。また、被災資産を天災前の効用を維持するために行う補強工事、排水または土砂崩れの防止等のために掛かった費用についても修繕費として処理しているときは、その処理が認められます（法基通7－8－6(2)）。

　被災資産について掛かった費用が資本的支出か修繕費か明確に区分できない場合には、その費用の30％を修繕費とし、70％を資本的支出として法人が経理している場合には、税務上その処理が認められています（法基通7－8－6(3)）。

〈被災資産の天災による修繕費用〉

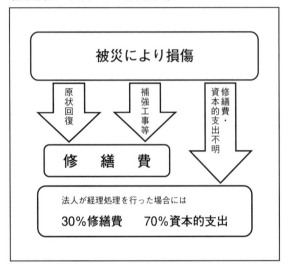

(2)　災害等により生じた損失にかかる欠損金額

　欠損金の繰り越しについては、原則として、その欠損金が生じた事業年度において、青色申告書を提出しており、その後において連続して確定申告書を提出している場合に限り認められています。

　したがって、白色申告者である場合や青色申告者であっても連続して確定申告書を提出していない場合には、欠損金の繰り越しは認められていません。

　ただし、白色申告者で青色申告書を提出しなかった事業年度であっても、災害損失欠損金がある場合には、その災害損失欠損金については、その損失が生じた日から9年間（平成30年4月1日以後に開始する事業年度にあっては10年間）にわたり欠損金の繰り越しが認められています（**災害損失欠損金についてはQ25参照**）。

┏■参考■━━━━━━━━━━━━━━━━━━━━━━━━━━━

法人税法基本通達7－8－6（災害の場合の資本的支出と修繕費の特例）

　災害により被害を受けた固定資産（当該被害に基づき法第33条第2項
《資産の評価損の損金算入》の規定による評価損を計上したものを除く。
以下7－8－6において「被災資産」という。）について支出した次に
掲げる費用に係る資本的支出と修繕費の区分については、7－8－1か
ら7－8－5までの取扱いにかかわらず、それぞれ次による。

⑴　被災資産につきその原状を回復するために支出した費用は、修繕
　費に該当する。

⑵　被災資産の被災前の効用を維持するために行う補強工事、排水又
　は土砂崩れの防止等のために支出した費用について、法人が、修繕
　費とする経理をしているときは、これを認める。

⑶　被災資産について支出した費用（上記⑴又は⑵に該当する費用を
　除く。）の額のうちに資本的支出であるか修繕費であるかが明らか
　でないものがある場合において、法人が、その金額の30％相当額を
　修繕費とし、残額を資本的支出とする経理をしているときは、これ
　を認める。

（佐々木　司）

Q27　資産の評価損

天災により会社が生産する商品が著しい損傷を受けました。税務上、評価損の計上は認められるでしょうか。また、その対象となる資産にはどのようなものが入りますか。

A

会社の商品が天災により著しい損傷を受け、その商品の時価が帳簿価額を下回った場合には、評価損の計上が認められる。時価と帳簿価額との差額について、評価損として損金経理を行う必要がある。

(1)　天災等による評価損は損金算入が可能

通常、法人が有する資産の評価替えをして評価損を計上した場合には、原則として、その評価損は損金不算入となります（法人税法33①）。

しかし、天災等によりその有する資産が著しい損傷によりその資産の帳簿価額を下回ることとなった場合において、評価替えをして帳簿価額を減額して評価損を計上したときは、その評価損は、損金算入が認められています（法人税法33②）。

(2)　評価損を計上できる資産

被災資産で評価損を計上できるのは、棚卸資産、固定資産及び固定資産を利用するために支出した分担金等にかかる繰延資産です。

棚卸資産について評価損を計上できるのは、下記事由の場合に限られます（法人税法施行令68①）。

①　災害により著しく損傷したこと

② 著しく陳腐化したこと

③ ①または②に準ずる特別の事実

特別な事実とは、例えば、破損、型崩れ、たなざらし、品質変化等により通常の方法によって販売できなくなった場合が含まれます（法基通9－1－5）。

棚卸資産とは、商品、製品、半製品、仕掛品、原材料その他の資産で棚卸しをすべきものとして政令で定めるもの（有価証券及び第61条第1項（短期売買商品の譲渡損益及び時価評価損益の益金または損金算入）に規定する短期売買商品を除く）をいいます（法人税法2⑳）。

固定資産及び固定資産を利用するために支出した分担金等にかかる繰延資産について評価損を計上できるのは、①災害により著しく損傷したこと、①に準ずる特別の事実が生じた場合に限られます（法人税法施行令68三、四）。

■参考■

法人税法33条1項、2項（資産の評価損の損金不算入等）

　内国法人がその有する資産の評価換えをしてその帳簿価額を減額した場合には、その減額した部分の金額は、その内国法人の各事業年度の所得の金額の計算上、損金の額に算入しない。

2　内国法人の有する資産につき、災害による著しい損傷により当該資産の価額がその帳簿価額を下回ることとなったことその他の政令で定める事実が生じた場合において、その内国法人が当該資産の評価換えをして損金経理によりその帳簿価額を減額したときは、その減額した部分の金額のうち、その評価換えの直前の当該資産の帳簿価額とその評価換えをした日の属する事業年度終了の時における当該資産の価額との差額に達するまでの金額は、前項の規定にかかわらず、その評価換えをした日の属する事業年度の所得の金額の計算上、損金の額に算入する。

（佐々木　司）

Q28　所得税の免除

被災により住宅や家財に被害を被った場合、その従業員の所得税が免除されると聞きました。制度の概要や手続きを教えてください。

A

所得税が軽減される措置には、災害減免法に基づく税額控除と所得税法に基づく雑損控除の２つがあり、いずれか有利な方を選択することができる。災害減免法か雑損控除を適用し、確定申告をすることにより所得税の免除が受けられる。

　被災により住宅や家財に被害を受けた者は、①災害減免法に定める所得税の軽減免除と②損害金額に基づき計算した金額を所得から控除する雑損控除のいずれか有利な方法で、所得税の軽減または免除を受けることができます（所得税法72条、災害減免法２条）。

(1)　災害減免法に基づく軽減免除

　災害減免法は、被災により住宅や家財が時価の２分の１以上の損害を受け、かつ、災害のあった年の所得金額が1,000万円以下の場合には、所得金額に応じて、所得税の４分の１から全額が免除されます。所得金額が1,000万円超の場合には、受けられません。

(2)　所得税法に基づく雑損控除

　雑損控除は、災害により住宅や家財等の損失額から一定の金額が所得控除として控除できます。

(3)　適用関係

災害減免法は、所得金額1,000万円以下の者に限られているため、所得金額が1,000万円超である場合には、災害減免法の適用を受けることができず、雑損控除のみ適用が受けられます。

〈災害減免法と雑損控除の概要〉

	災害減免法による減免		雑損控除
対象となる資産の範囲等	住宅や家財 （損害額が住宅や家財の価額（時価）の2分の1以上であること）		生活に通常必要な資産 （棚卸資産や事業用固定資産、生活に通常必要でない資産は除く）
控除額の計算または所得税の減免額	その年分の所得金額	所得税の軽減額	次のイとロのいずれか多い方の金額 イ　差引損失額－所得金額×1/10 ロ　差し引損失額のうち災害関連支出の金額－5万円 ※①差引損失額＝損害金額－保険金等により補てんされる金額 ②災害関連支出＝災害に関連して支出した金額で災害により滅失した住宅、家財を除去するための支出等
	500万円以下	全額免除	
	500万円超750万円以下	2分の1の軽減	
	750万円超1,000万円以下	4分の1の軽減	
	1,000万円超	軽減なし	
その他参考事項	①被害の状況及び損害金額を記載した確定申告書の提出する必要があります。 ②損失額には、保険金等で補てんされる金額を除きます。		①確定申告書に雑損控除に関する事項を記載し災害関連支出の金額の領収証を添付または提示する必要があります。 ②損失額がその年の所得金額から控除しきれない場合にはその控除しきれない金額は、翌年以後3年間繰り越すことができます。この場合、損失年は期限内に確定申告書を提出し、その後、連続して確定申告書を提出する必要があります。

（佐々木　司）

Q29　通勤手当の差額支給の源泉徴収

震災で交通機関が途絶えたため遠回りして通勤する従業員に通勤手当の差額実費を支給していますが、この実費分は通勤手当として源泉徴収が必要でしょうか。

A

通勤に利用する交通手段が災害などにより利用することができなくなり、他の交通手段を利用した場合に支給する実費相当額の交通費については、源泉徴収の必要はない。ただし、その利用した交通手段が合理的なものであることが必要。

通勤手当（通常の給与に加算して支給されるものに限ります）や通勤用定期乗車券は、区分に応じて運賃、時間、距離等の事情に照らし、最も経済的かつ合理的と認められる通常の通勤の経路及び方法による運賃の一定金額まで課税されません（所得税法9①五、所得税法施行令20の2）。

また、給与所得者が勤務する場所を離れてその職務を遂行するための旅行をした場合に、その旅行に必要な支出に充てるために支給される金品で、その旅行に通常必要と認められるものについても課税されないことになっています（所得税法9①四、所基通9-3）。

これを踏まえて考えますと、通勤に利用する交通手段が災害などにより利用することができないため、他の交通手段を利用した場合に支給する実費相当額の交通費については、その利用した交通手段が合理的なものであれば、その支給した交通費は旅費に準じて非課税と考えられますので、給与として源泉徴収をする必要はありません。なお、災害などにより交通手段が遮断されたため、やむを得ず宿泊した場合において実費で支給する宿泊費用も、同様に取り扱われるものと考えられます。

（滝沢　淳）

Q30 災害見舞金の課税

当社では、従業員の自宅が自然災害により被害があった場合、会社及び共済会から災害見舞金が支給されます。この災害見舞金について税金の問題はないのでしょうか?

A

個人が心身または資産に加えられた損害につき支払いを受ける見舞金で、社会通念上、相当と認められる金額については、所得税は課されない。災害見舞金については、支払った側、受け取った側、それが個人か法人かによって、それぞれ留意すべきポイントがあるので注意が必要。

(1) 個人が災害見舞金等を受け取った場合の課税問題

心身または資産に加えられた損害につき支払いを受ける相当の見舞金(役務の対価たる性質を有するものを除きます)については、その金額がその受贈者の社会的地位、贈与者との関係等に照らし社会通念上相当と認められるものについて、所得税は課税しないこととされています(所得税法9①一七、所得税法施行令30三、所基通9-23)。

したがって、一般的に通常と認められる金額である限り税金の心配はありません。

(2) 法人が災害見舞金等を受け取った場合の課税問題

法人が受けた義援金や見舞金は、法人税法上、益金の額に算入されます(法人税法22②)。ただし、災害により被害を受けた法人の有する商品、店舗、事務所等の資産の損失額等は、損金の額に算入されます。

(3)　災害見舞金等を支払う側の課税問題

a．源泉徴収の問題

　雇用主が従業員等に対し、従業員や役員と被災した親族との関係、被災の程度に応じた一定の基準により見舞金を支給する場合には、その支払われる見舞金が社会通念上相当なものと認められるときは、給与として源泉徴収をする必要はありません（所基通9－23）。

　ここでいう一定の基準とは、被災者の所有資産の損害の程度（全壊、半壊、床上浸水、床下浸水など）に基づき見舞金の支給額を定めるようなことをいいます。このような基準に基づき支給する場合は社会通念上相当な見舞金に該当すると考えられるため、給与として源泉徴収をする必要はありません。

b．交際費の問題

　法人が被災した自己の従業員に対し災害見舞金品を支給する場合、税務上において、それを交際費ではなく福利厚生費として取り扱われるようにするためには、一定の基準に従って支給されることが必要です（措基通61の4(1)－10(2)）。この「一定の基準」とは、①被災した全従業員に対して被災した程度に応じて支給されるものであるなど、各被災者に対する支給が合理的な基準によっていること、②その金額もその支給を受ける者の社会的地位等に照らし被災に対する見舞金として社会通念上相当であること、が必要です。また、「一定の基準」については、あらかじめ社内の慶弔規程等に定めていたもののほか、今回の災害を機に新たに定めた規程等であっても、これに該当するものとして取り扱われます。

　また、被災した取引先の役員や使用人に対して個別に支出する災害見舞金については、得意先等、社外の者の慶弔、禍福に際し支出する金品等の費用は、慰安、贈答のために要する費用にあたることから、交際費等として取り扱われる場合があります（措基通61の4(1)－10）。これは、個人事業主に対するものを除き、取引先の救済を通じてその法人の事業上の損失を回避する

というよりは、いわゆる付き合い等としての性質を有するものであると考えざるを得ない場合があり、このような支出は交際費等に該当するものとして取り扱われることになります。

　しかし、「取引先の役員や使用人」であっても、法人からみて自己の役員や使用人と同等の事情にある専属下請先の役員や使用人に対して、自己の役員や使用人と同様の基準に従って支給する災害見舞金等については、交際費等に該当しないものとして取り扱うことができます（措基通61の4(1)-18(4)）。

c. 取引先に自社製品を提供した場合

　取引先に対して自社製品である事業用資産を提供した場合、その提供に要した費用は、災害見舞金と同様に、寄附金または交際費等以外の費用として損金の額に算入されます。また、直接の取引先ではない自社の製品等を取り扱っている小売業者に対して、災害により損壊した商品を無償で交換した場合や滅失した商品を無償で補てんした場合にも、それに要した費用は広告宣伝費または販売促進費としての側面を有していると見ることができるため、寄附金または交際費等に該当しないものとして損金の額に算入されます（法基通9-4-6の4）。しかし、あらかじめ特定のごく限られた者のみに対する贈答（利益供与）を目的として行われた自社製品等の提供は、寄附金または交際費等に該当する可能性があるので注意が必要です。

d. 税務上の留意点

　先にも述べたとおり、災害見舞金等が交際費等に該当しないものとして取り扱われるのは、慰安・贈答のための費用というより、被災前の取引関係の維持・回復を目的として、取引先の復旧過程において支出されるものであり、むしろ取引先の救済を通じて自らが被る損失を回避するための費用とみることができる場合になります。

　したがって、法人がこのような災害見舞金を支出するにあたって、その取引先の被災の程度、取引先との取り引きの状況等を勘案した相応の災害見舞

金であれば、その金額の多寡は問いません。

　ちなみに、法人が災害見舞金を支出した場合に、取引先から領収書の発行を求め難い事情にあることも考えられます。このようなときには、法人の帳簿書類に支出先の所在地、名称、支出年月日を記録しておくことが必要です。

(4)　消費税の取り扱い

　災害見舞金は、消費税の課税対象ではないため、不課税取引となります。したがって、支出した事業者における課税仕入れにも、受け取った事業者における課税売上にもなりません（消基通5－1－2）。

　また、自社製品等を被災者に対して無償で提供した場合の消費税の取り扱いは、対価を得て行われる資産の譲渡等に該当せず不課税取引となります。

　なお、課税売上割合が95％未満で仕入税額控除を個別対応方式により行う場合、自社製品等の提供のために要した課税仕入れ等の区分は、提供した自社製品等の態様に応じ、次のとおりとなります。

①　**自社製造商品の提供**

　　自社で製造している商品（課税資産）の材料費等の費用は、課税売上にのみ要する課税仕入れに該当します。

②　**購入した商品等の提供**

　　ア）通常、自社で販売している商品（課税資産）の仕入れは、課税売上にのみ要する課税仕入れに該当します。

　　イ）被災者に必要とされる物品を提供するために購入したア以外の物品（課税資産）の購入費用は、課税・非課税共通用の課税仕入れに該当します。

（注）自社製品等を被災者等に提供する際に支出した費用（被災地までの旅費、宿泊費等）にかかる課税仕入れは課税・非課税共通用の課税仕入れに該当します。　　　　　　　　　　　　　　　　　　　　　　（滝沢　淳）

Q31　売掛金の免除

法人が被災した取引先の復旧支援のため売掛金を免除した場合、税務上はどのように扱われますか。

A

法人が、災害により被害を受けた取引先の復旧過程において、復旧支援を目的として売掛金の一部または全部を免除した場合の損失については、損金の額に算入される。

(1)　売掛債権を免除した場合の取り扱い

　法人が、被災した取引先の復旧過程において、その復旧支援を目的として売掛金等の債権を免除した場合に、免除したことによる損失は、寄附金や交際費等以外の費用として取り扱われます（法基通9－4－6の2、措基通61の4(1)－10の2）。

　たとえ、その売掛債権の免除が一部の法人のみによってなされていたとしても、その免除が取引先の復旧過程において復旧支援を目的として行われる限りは、損金の額に算入されます。復旧支援は、それを行うかどうかは個々の企業の判断によらざるを得ないのが実情であり、その被災した法人の取引先のすべてが復旧支援を行うことが前提とされている訳ではないからです。

(2)　売掛債権の免除を行う期間

　売掛債権の免除は、災害発生後相当の期間内、例えば、店舗等の損壊によりやむなく仮店舗により営業を行っている場合のように、被災した取引先が通常の営業活動を再開するための復旧過程にある期間内に行うことが前提と

209

なります。

⑶ 「取引先」の具体例

ここでいう「取引先」とは、得意先、仕入先、下請工場、特約店、代理店等のように直接取引を行うもののほか、商社等を通じた取引であっても自ら価格交渉等を行っている場合の商品納入先など、実質的な取引関係にあると認められる者も含まれます。

⑷　売掛金の免除をした場合の消費税の取り扱い

消費税の課税取引に係る売掛金等の債権の額の全部または一部の減額により、売上に係る対価の返還等を行った場合は、その返還等をした対価に含まれる消費税額を課税標準額に対する消費税額から控除することになります（消費税法38①）。

具体的には、法人が被災した取引先に対して、その取引先が復旧過程にある期間内に復旧支援を目的として売掛金等の債権（課税取引に係る債権に限ります）の全部または一部を免除した場合で、その売掛金の免除による損失の額が法人税法上の寄附金及び交際費等以外の費用とされるものについては、当該費用として処理した売掛債権に係る消費税額を、その処理した課税期間の課税標準額に対する消費税額から控除することができます。

当然ながら、金銭の貸付けは不課税取引ですので、その貸付金の全部または一部の返済を免除した場合は、消費税の課税関係は生じません。

（滝沢　淳）

Q32　取引先に対する融資

被災した取引先を支援するため低利または無利子で融資しようと考えていますが、通常の融資の利息との差額は税務上どのように取り扱われますか。

A

差額については、寄付金等と取り扱われることはない。ただし、その融資が被災した取引先の復旧支援を図るためであることが必要。

　一般的に法人が取引先に対する低利または無利息による融資を行った場合には、通常収受すべき利息と実際に収受している利息との差額が寄附金として取り扱われます。しかし、その融資が被害を受けた取引先の復旧過程において復旧支援を目的として行われるものであり、その取引先の被災の程度、取り引きの状況等を勘案した合理性を有する場合は、寄付金として取り扱われません（法基通9-4-6の3）。これは、その復旧支援を通じて法人が自らが被る損失を回避するためのものであると捉えることができるからです。その限りにおいて特に融資期間や融資額についても制限はありません。

　また、既に行っている貸付けに係る貸付金の利子を減免した場合についても売掛金等の債権の減免と同様に、その免除による損失は、寄附金または交際費等以外の費用として損金の額に算入されることになります。（滝沢　淳）

コラム 「BCPにおける財務診断」

(1) 新型コロナウイルス感染症による災害

　令和2年、新型コロナウイルス感染症の影響による緊急事態宣言の発令に伴い、一時的に経済が停滞して、経営が立ち行かなくなる事業者が続出してしまいました。

　政府、地方自治体は経営が困難となった事業者を支えようと、さまざまな施策を行いました。具体的には、50%以上売上が減少した法人に対して200万円を給付する持続化給付金や東京都などが行った休業協力金などの「給付金」、日本政策金融公庫のコロナ感染症特別貸付、セーフティーネット貸付、危機関連保証貸付などの「金融・資金繰支援」。そして、雇用調整助成金の特例措置、小学校の臨時休業に伴う保護者関連支援などの「雇用関連支援」など多種多様なものが打ち出されました。

　これら各種施策を利用しようとする場合は、前年度の税務申告書や、試算表、売上台帳など、各種証拠書類の提出が求められました。日頃から経理や計算処理をしておけばスムーズに申請を出すことができますが、慌てて作成しなければならない会社は申請が遅れたり、不備が多かったりして、なかなか受給や融資が受けられなかったりするケースもありました。

　やはり、こういった事に備え、普段から資料や帳簿類の作成をしておくと、いざというときにスムーズな対応ができます。実際に、給付金や融資を早期に申し込めた人はすぐ実行されるケースが多かったのですが、申し込みが遅れた会社に関しては1ヵ月も2ヵ月も先になってしまいました。

　すぐに給付・借入ができた会社は、経営的・財務的な観点のみならず、経営者の精神的にも非常によい影響をもたらすことができましたので、ぜひ日頃から書類関係をきちんと作成、提出しておくことがリスクを減少させる結果となります。

今回の新型コロナウイルス感染症の災害は、震災等と異なり、物理的な損害が少なかったため、早期に回復できる会社も多いのではないでしょうか。

(2)　BCPにおける財務診断の重要性

新型コロナウイルスに関する今回の施策は、他の災害の場合にも同じような施策が出るとは限りません。また、たとえそのような資金給付や借入を行ったとしても、金額的には十分といえないでしょう。

したがって、災害などで事業が停止せざるを得ない状況のときに、通常の状態に回復するまでに、あるいは資金が底をつくまでの期間はどのくらいか、またどのように資金調達を行い、いくら行えるか、あるいは保険金がどのくらい出るかを、あらかじめ財務の観点からもシミュレーションをしておくべきでしょう。それを基にして、いざという時に会社をどのような形にし、どのように経営をしていくべきか計画を立てておくことが必要です。

そのシミュレーションが、次に説明する財務診断です。その結果を踏まえ、例えば、災害の際に備え、現在の時点では資金をどのくらい準備しておけばいいのか、どのくらい損害保険に入っておくべきか、経営者は生命保険に入っておくべきかなど、今の通常の時点では何をすべきかを判断することになります。

(3)　災害時の財務安定性の検討～改善

①　災害時の資金繰り

災害時には売上の入金が途絶える可能性があります。その反面、給与や買掛金、未払費用、借入返済などの支払いは行わなければなりません。また、地震、家事等の災害の場合には家屋や設備の修繕または再取得も必要となってくるため、多額の資金が一時的に必要になってくる可能性があります。商品が被災した場合は、新たに仕

入も必要となってきます。

　この対策として、日常的な資金繰りを把握しておくことにより、いざ災害が起こった際にどのような資金の流れが起こりうるのかを想定することが可能となります。会社によっては、債務返済を優先し、財務体質の改善および財務コスト（支払利息等）の圧縮を進めるため、手元資金を低めにしているところもありますが、災害等の場合に備えて、ある程度は、最低でも1ヵ月くらいは営業停止になった場合でも耐えうるような資金を準備しておきたいところです。

　また、災害などが発生した場合、新型コロナウイルスの流行の際にも利用できましたが、政府系融機関の特別貸付、あるいは保証協会等のセーフティーネット保証、危機関連保証などの保証制度をより有効に活用する必要があります。

② 家屋や設備の修繕等の資金について

　家屋や設備等の支出については、再建築価額を想定して算定しておくことに加え、その金額に対する損害保険などを準備しておく、あるいは資金準備をしておくことが必要になります。ただし、損害保険については、例えば水害は対象になるかなど、どういった災害等がカバー対象になっているのか、保険の契約内容の確認が必要です。しかし、ありとあらゆる災害を対象にして保険金を多額に設定したら、保険料も多額になってしまいますので、保険契約内容の決定（保険価額は新価か時価かなど）、どんな災害等に対して保障があるかなど、保険の内容は慎重に検討し、常時見直していくべきでしょう。

　災害等に対して、企業が十分と思える内容の損害保険に入ることは実際には難しいかと思いますし、損害の発生原因が不明な場合や損害の算定に時間がかかる場合など保険金がすぐに出ない可能性もあります。そうなると、やはり、ある程度の間の資金の準備が必須となりますので、留意しながら計画を策定する必要があります。

$$\boxed{手元資金} = \boxed{税制} = \boxed{基金} = \boxed{融資} = \boxed{保険} = \boxed{給付金}$$

③　BCP 戦略上の投資の検討

　地震、水害などの場合、施設や設備が 1 か所だと、事業が停止する可能性があります。事業継続の実現のためには、二重化等の代替性確保の投資検討も視野に入れておく必要があります。しかし、単に遊休地を確保するだけでは資本運用効率を悪化させるだけになってしまいますので、投資効果を検討のうえ、財務上の影響等も考慮して経営判断を行わなくてはなりません。

　施設・設備を二重化して、単に別の場所で同じ活動をするだけでは効率が下がるだけです。生産の増強や営業効率などの観点から行わなくてはなりません。施設・設備の二重化への投資を行うにあたっては、目標復旧時間と投資効果を比較考慮のうえ判断する必要があります。代替拠点への移転シミュレーションを行い、人的・物的設備の移動に伴う移転時間、移転コストを検討の上、判断していく必要があります。

　このような代替性確保の投資は、得意先への商品・サービスの安定供給を向上させるものであり、得意先の事業継続力を高め、信頼性を確保する効果があります。自社商品・サービスの価値を高め、競争力の観点から優位に立ちます。得意先への価額交渉力を高めることに結びつきますので、無駄な投資とはいえないでしょう。

　ところで、新型コロナウイルスなど感染症の BCP については、施設・設備ではなく人の被害が中心となり、物理的な施設・設備被害を中心に想定する BCP とはかなり異なります。専門家の意見を聞きながら、地震・水害等とは別のシミュレーションを行う必要が

あると思われます。

　　BCP 戦略上の投資計画は、実現に長い期間を要する場合があります。ここで実施される投資の効果を先取りして目標復旧時間を短く設定することはかえってリスクになってしまいます。BCP はあくまで現状の状況・環境を踏まえて策定し、投資等の実施に伴って毎年継続的に見直すことが必要です。

⑷　中小企業 BCP 策定運用指針

　中小企業庁 HP では、「中小企業 BCP 策定運用指針」が掲載され、詳しく説明されています。こちらの HP では、これまで記載したような内容を検討する際に使えるワークシートフォーマットをダウンロードすることができます。具体的にどのような内容を策定していけばよいのかがわかりやすく作成されていますので、BCP 策定の際にご活用いただけます。BCP を策定する上での財務診断についても、どのような事項を確認していけばよいのかということや、また、数値を入れると計算もできるようになっていますので、複雑な財務診断が行いやすくなると思います。ぜひご活用ください。

＊中小企業 BCP 策定運用指針
　https://www.chusho.meti.go.jp/bcp/index.html

（滝沢　淳）

【参考文献】

● 「防災白書（令和元年版)」（内閣府、令和元年 7 月）

● 「国土強靭化政策大綱」（国土強靭化推進本部、平成25年12月17日）

● 「防災基本計画」（中央防災会議、令和 2 年 5 月）

● 「事業継続ガイドライン─あらゆる危機的事象を乗り越えるための戦略と
　対応─（平成25年 8 月改定)」（内閣府（防災担当）、平成25年 8 月）

● 「地区防災計画ガイドライン〜地域防災力の向上と地域コミュニティの活
　性化に向けて〜」（内閣府（防災担当）、平成26年 3 月）

● 「中小企業 BCP（事業継続計画）ガイド〜緊急事態を生き抜くために〜」
　（中小企業庁、平成20年 3 月）

● 「首都直下地震の被害想定と対策について（最終報告)」（中央防災会議・
　首都直下地震対策検討ワーキンググループ、平成25年12月）

プロフィール

MS & AD インターリスク総研株式会社〔編著〕

　MS & AD インターリスク総研株式会社は、上場持株会社である MS & AD インシュアランスグループホールディングス株式会社が直接出資するリスクマネジメント専門コンサルティング会社であり、企業の各種リスクマネジメント態勢の構築をワンストップでサポートしています（MS & AD インシュアランスグループは、三井住友海上火災保険株式会社、あいおいニッセイ同和損害保険株式会社などの 5 つのグループ国内保険会社、弊社を含む 7 つの関連事業会社から構成されています）。

　詳しくは弊社ホームページをご参照ください。

　URL：https://www.irric.co.jp/

執筆者の紹介

本田茂樹（第 1 章～第 4 章）

　信州大学　特任教授

　ミネルヴァベリタス株式会社　顧問

　前 MS & AD インターリスク総研株式会社　特別研究員

弁護士　**家永　勲**／弁護士　**今西　眞**（第 5 章）

　弁護士法人 ALG & Associates

税理士　**滝沢　淳**（第 5 章）

　税理士滝沢淳事務所

税理士　**佐々木　司**（第 5 章）

　MC 税理士法人

中小企業の防災マニュアルとBCP〔新版〕

平成30年 6 月 8 日　初版発行
令和 2 年 7 月31日　新版発行

編著者　MS & AD インターリスク総研株式会社
発行人　藤澤　直明
発行所　労働調査会
　　　　〒170-0004 東京都豊島区北大塚2-4-5
　　　　TEL 03-3915-6401
　　　　FAX 03-3918-8618
　　　　http://www.chosakai.co.jp

ISBN978-4-86319-798-5 C2034